Books ウト

通奏低音弾きの言葉では、

鈴木秀美
Hidemi Suzuki

ARTES

通奏低音弾きの言葉では、

第Ⅰ部　**通奏低音弾きの言葉では、**

第Ⅱ部　通奏低音弾き、シャンソンを弾く

通奏低音弾きのインテルメッツォ

第Ⅲ部　通奏低音弾きの師

カバー装画・紫尾秀三郎

第Ⅰ部　通奏低音弾きの言葉では、

episode 1　通奏低音？

通奏低音という言葉をご存知だろうか。ただバスとか低音というのとどう違うのか。それをよく分かってか分からずか、世の中では時々、新聞や雑誌などで比喩的に用いられるようだ。たとえば「通奏低音のごとく心身に響く」「通奏低音のように聞こえてくるのは……」「頭の片隅で通奏低音のように鳴り続け……」等といった感じで、大抵ずっと続く低周波とか地鳴りのようなものを指している。音楽には「ドローン」というドとソをずっと鳴らしたものがあって、その上に旋律を作っていく手法があるが、自然に鳴っているものや自分の意志と関係なく響いているものに通奏低音という言葉を用いるのは、実はハズレである。その全盛期であったバロック時代、通奏低音は楽曲全体を司《つかさど》るものであり、無意識どころか意識ありまくりの重要なものであった。

一般的に人が音楽を聴くとき、まず耳に入ってくるものや後から思い出せるものは何といっても旋律、メロディである。メロディには言葉と同じように、少々変わっても大筋や意味合いには大差ない枝葉の音もあれば、これが変わっては大変、意味が変わり曲は違う方向へ行ってしまうという重要な音もある。その意味合いの大切さ加減や筋書きを作っているのが和声、ハーモニーであり、それを支えるのが低音である。土台が低音、ハーモニーの進行こそは物語の大筋であり、そのハーモニーの天辺を紡《つむ》いで出来るのが旋律である。

一八世紀の楽譜は、例えば一般的なソナタなら二段の楽譜、つまり旋律と低音だけが書かれている。トリオ・ソナタなら旋律が二声部なので三段、オーケストラのスコアなら様々な楽器が書き込まれるが、一番下の段は低音パートになっている。その低音の段の下には数字で和声が書き込まれていて、作曲家が旋律の下にどういう筋書きや色合いを欲していたのかが分かるしかけになっている。ギターの人が見るコードネームと原理は同じで、和声は表すが正確な音の配置が書かれているわけではない。いわゆる「ピアノ伴奏」の右手が書かれておらず、代わりにそれを表す数字が下に書いてあるということだ。鍵盤奏者やリュート奏者は、その数字や旋律をみて、適宜その数字に合った和音や適切な対旋律を即興して弾いてゆく。このような作曲及び演奏の方法が通奏低音であり、奏者自体も、しばしば「奏者」を省いて通奏低音と呼ぶ。

通奏低音奏者の第一は和声も受け持つチェンバロやオルガンなどの鍵盤奏者、それにリュート、テオルボなど和声を持つ撥弦楽器だが、そこにチェロ、ヴィオローネ、コントラバス、ファゴット、トロンボーン等々の楽器が加わって、響きの土台を作る。室内楽ではチェンバロとチェロやガンバなど一人から二人が普通だが、バッハのカンタータのようにオーケストラや合唱の入った作品やバロックのオペラ等では、上記の楽器が通奏低音グループを形成する。ティンパニもまた、加わったときには通奏低音の仲間と考えるべきである。つまり、通奏低音はある複合的パートの総称なのである。

一七〜一八世紀——ものによっては一九世紀前半も含む——の音楽は低音主体に作られているので、奏者もまた、旋律や中音域を受け持つ数々のパートと「通奏低音グループ」という分け方ができる。弦楽器と管楽器（時に打楽器）で構成されるオーケストラの中にあって、チェロやコントラバス、ファゴットは、オーケストラに属するのか通奏低音グループに属するのか。これが、実はなかなか微妙なところである。オーケストラの仲間、つまり弦楽器・管楽器それぞれと溶け合いながら、通奏低音としては鍵盤・撥弦楽器と共に全体を支える一つの「機能」となるわけだが、それぞれの役目に求められる反応や弾き方は必ずしも同一とは限らず、そこに様々なやり取り、駆け引きが生まれてくる。

いわば「鍵盤楽器の隣」、通奏低音は長年私の定位置であった。「バッハ・コレギウム・ジャパン」の創設以来、また「ラ・プティット・バンド」も一九九一年から二〇〇〇年まで首席を務めたほか、ヨーロッパ各地でオペラ、室内楽やオーケストラに参加し、その間、J・S・バッハの全ての教会カンタータと殆ど全ての器楽曲、バロック器楽曲、声楽曲、前古典派・古典派の交響曲、オラトリオ、オペラ、そして数多くの室内楽を演奏してきた。音楽家が一生の間にどれほどの曲を演奏するのか、真面目に考えたことはないが、たいてい誰でも恐らく随分な数になるだろう。その間の、言わば「行間」の経験をつらつら書いてみようと思う。

通奏低音は様々な規則によって成り立っており、ともすればアカデミック、学問的で頭でっかちな人間の集まりと受け取られがちである。しかも弾く音符はそれほど多くなく、時には極端に少ないので、指はそんなに回らない人だとも思われる（実際、カンタータのレチタティーヴォなど、指は一本ありゃ十分！と思う曲もたくさんある）。何よりもまず、何が難しいのか、どういう仕事をしているのか、外にはあまり分からない。実は上声部を弾いている人もあまり分かってはいないこともある。しかし、ジャンルを問わず、簡単そうな仕事や目立たない仕事にはいろいろと知られざる事情、悲喜交々《こもごも》の経験があるものだ。通奏低音もまた然り。こういう仕事をしている人、これからしたい人、また普段コンサートや録音で音楽を聴かれる方々にも、半ば裏方である通奏低音という仕事の事情を少しばかり知っていただき、楽しんでいただければ幸いである。

episode 2

不均等な音律

オーケストラやアンサンブルを支える通奏低音グループの中にあって、チェロは唯一、全ての音を鍵盤楽器と一緒に弾く楽器である。ファゴットも同様だが、チェロに比べるとレチタティーヴォやアリアなどには含まれないことが多く、記譜より常に1オクターヴ低いコントラバスは、アリアなどで響きが重くなりすぎる時には使用されない。

鍵盤楽器は和音を伴って弾くので、チェロはバス・ラインを補強すると同時にその響きの中にうまく溶け込まなければならない。理想的には、「和声感のあるチェロ」とか「バスがしっかり聞こえるチェンバロ」「音量が増減するオルガン」と聞こえるのがよく、それでこそ通奏低音が一つの機能となる。

和音はそれぞれの配置や弾き方によって様々に聞こえるが、一つの音の性格や色合いを具体的にするものなので、少々調律が狂っていても説得力は単音よりもはるかに大きく、もしチェロと音程が違っていれば、鍵盤の方が「正解」に、チェロは「ハズレ」に聞こえる。つまり通奏低音のチェロは、端から端まで「正解」と共に弾かなければならない宿命であり、それはなかなか簡単にはいかないのである。さらに面倒なことには、一七～一八世紀の音楽はほとんどの場合平均律を想定して書かれておらず、半音の幅は全部同じではない。そこで、チェンバロやオルガンとぴったり合って弾くためには、まず調律を少しは知っておかなければならない。

「平均律」という言葉を聞かれたことがあるだろうか。音楽家でも面倒だと思う話ではあるが……いや、イッパンの方はもっと教養があってすぐにご理解されるかもしれないので、ざっとお話しておこう。

二音間の周波数が整数比になるとき、それを純正と呼ぶ。オクターヴなら1：2（440Hz：880Hz）、5度（ド～ソ）なら2：3、4度なら3：4という具合である。純正な音程はすっきりと止まって聞こえ、うなり（ビート）が生じない。周波数はオクターヴの場所によって数値が大きく異なるので、音程について話すときには対数のセントという単位を用いる。1オクターヴは1200セント、純正5度は702セントである。この、純正5度をド→ソ→レ→ラ……と一二回積み重ねると再びドに戻ってくるのだが、これがどういうわけか最初のドのぴったり上にはまらず、行き過ぎてしまう。どうして？と誰でも聞きたくなるところだが、これこそはまったく神様のイタズラ、或いは大いなる恵みなのである。それを見つけたのがかの有名なピタゴラスであることから、その行き過ぎる約24セントのことを「ピタゴラスのコンマ」という。また、ドから四回5度を重ねてできるミを2オクターヴ下げるとド～ミの3度が得られるが、これまた

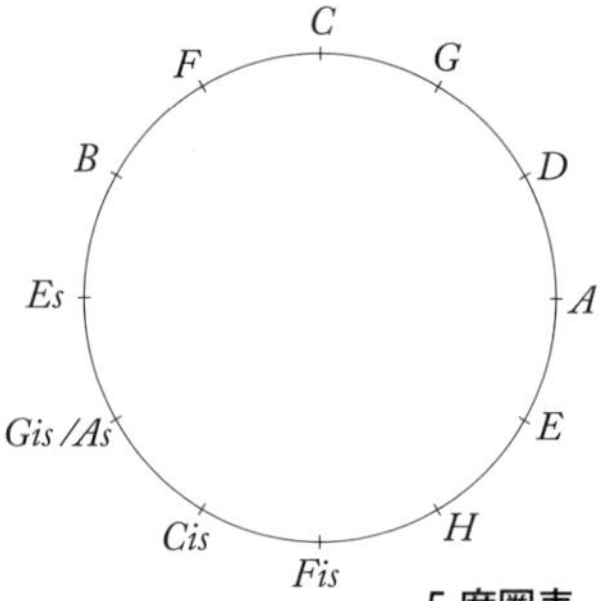

5度圏表

純正にはならず、22セント行き過ぎてしまう。こちらは〈シントニック・コンマ〉、この二つの「行き過ぎ」の差を〈スキズマ〉（隙間、ではない）と呼ぶ。この「行き過ぎ」をどうにかして解消しなければ5度圏（上表）が閉じず、1オクターヴ内全部の音を調律できない。

歴史的には、音楽に調性や和声というものが入ってきたとき、どこの3度も全部美しくしようとして、全ての5度を狭くしたところ、A♭とG♯は全然同じ音にならず、「行き過ぎ」ではなく足りなくて5度圏が開いてしまった。これを「ミーントーン」と言い、弾く曲によって調律替えをしなければならなかったのである。美しい3度を得ようとすれば足りず、美しい5度を欲すれば行き過ぎる。まことに皮肉、「全てを得るものはいない」と言われるとおりである。

調律法とは即ち、5度の幅を少し動かして3度をきれいにし、5度圏が閉じる、つまり鍵盤が全て調律できるようにするものだ。この歪みを全ての5度に等しく割り振ったものが「平均律」で、5度は純正７０２セントの代わりに７００セントになる。それは純正に近くて美しいのだが、その5度を四つ重ねた3度はまだ広すぎ、ピアノの鍵盤真ん中辺りのド―ミを弾くと、一秒間に五回ほどもうなりが出てしまう。よく聞くと「ワワワ～」とぶつかり合い揺れているものを「調和している」ことにしているのである。そこで、せめてよく使うハ長調やト長調など、♯や♭の数が少ない調はもう少し美しくしようと考え、5度圏の右側と左上辺りの5度を狭くし、左下辺りの5度は純正のままにする方法、つまり不均等に歪みを割り振るのが「古典調律」と言われるものだ。どの5度をどれくらい狭く（或いは少し広く）するか、幾つの5度で解消するかによって3度の幅が変わり、調性によって美しい調が変わってくるのである。つまり古典調律とは、よく使う部屋はきれいに、きれいでないものはあまり使わない部屋に押し込めるという掃除の仕方であり、どの部屋も等分に、本当にきれいではないが全部それなりに使える、というのが「平均律」である。どちらが良いかは生き方次第、いや曲次第。

5度を狭くすると3度がきれいになる、という理屈をご理解いただけただろうか。何調にしても主和音の3度が一番重要なので、それが美しいのは何よりなのだが、ヴァイオリン属の楽器は5度調弦なので、自分の楽器の開放弦をすっきりと美しくしてはいけないことになり、これはなかなか頷けないものである。しかし、他の楽器と合奏するときには、我慢してこれを受け入れなければ美しいハーモニーは得られない。アカデミックな知識が本能的な耳を制御する、というと大袈裟だが、それによってバッハの、或いは一八世紀全般の音楽がもつ調和した響きを作れると考えれば、この我慢は価値がある。

「古典調律」で調律された音階は、半音の幅が全て同じではない。大雑把に言って、「平均律」と比べるとシャープの音は低め、フラットは高めになる。それを理解し、その時の状態がどうあれ「正解」に聞こえる鍵盤と共に弾くのが、通奏低音の仕事である。

episode 3　ステージの調律師

［episode2］で、「古典調律」の半音の幅はどこも同じではなく、ある程度その理屈を知っておかなければならないこと、また通奏低音は常に鍵盤と同時に弾くのだが、和音のある鍵盤楽器の方が大抵正しく聞こえることを書いた。鍵盤楽器はいったん調律したら演奏中に動かすことはないので（弦楽器の調弦のように）、調律の事も少しは知っておかないと一緒に弾くのは大変だし、あちらがおかしくてもこっちが悪いと言われかねない。そこで、調律師と通奏低音奏者の間には、他のパートにはない緊密な関係が生まれる。

一般的に調律師というと、家にあるピアノのため年に一度ほど「仕方なく」来る人、というイメージではなかろうか。ピアノの音がおかしい、この音が狂っている等々とやかましく言うのはピアノを習っている子供だけ、親は大して気にならないのに、といった話もよくある。ピアノが客間にあったりすると調律中はその部屋を使えないし、少なくともその部屋の周りは静かにしておかなければならない。何をやっているのかよく分からず……終わって子供が弾くのを聞いて、おや、たしかに変わったようだと感じられれば御の字、そう言われればちょっと良くなったかも？という程度の仕事に対して、この費用は高いのか安いのか……何もかもよくワカラヌ。そのうち、このピアノは其処ここの具合が悪いからそろそろ買い換えられては如何《いかが》とかいう話になった日には、胡散《うさん》臭いセールスマン程度にしか思われかねない。ひと言いっておくと、どんな楽器にもメンテナンスは必要であり、家具のようにただ置かれているだけのピアノは可哀想である。

そういう一般家庭向けの仕事の是非は別の話として、ステージでの調律、つまりコンサートや録音前の調律という仕事をする人は「コンサート・チューナー」と言い、これは全く別の仕事というべきものである。チェンバロ、オルガンに限らず現代のピアノでも同じだが、リハーサル終了後コンサート開演までの時間は限られており、特にピアノの場合にはそのソリストの評価にも影響が出かねない、極めて緊張感の高い仕事である。チェンバロやオルガンでは、調律如何《いかん》によって奏者の人気がどうこうということは考えられないが(もともと通奏低音奏者に人気などない)、モダンのピアノに比べて楽器の構造がシンプルに出来ている分、弦が切れたりツメが折れたり、鍵盤が引っかかったりオルガンのパイプのキャップが落ちたり……何が起きるか分からず、その場でいろいろ事故が起きる要素は現代のピアノよりはるかに多い。

バッハのカンタータ等の宗教作品では、チェンバロとオルガン両方を用いる。いや、そんなことは二〇世紀の間ずっとなかったのだが、バッハ時代の演奏に関して様々な研究が進み、どうやらバッハは両方同時に用いていたらしいということが分かって、一九八〇年代後半頃からだろうか、そういう編成で演奏することが多くなった。面倒なことに……どちらか一方でも十分難しいのに……。

当然のことながら、二つの楽器は同じ鍵盤楽器といっても対照的な性質を持つものである。オルガンは指を離すまで音が切れず、チェンバロは減衰あるのみ。和音の厚みを表現するのにオルガンは音の数を増やすか和音の位置を変えるが（もっと変えるときにはパイプの列を増やす）、チェンバロはそれだけでなくアルペジォ（音のタイミングを僅かにずらして和音を弾くこと）も用いる。一緒に弾くにはそれぞれ付き合い方が変わるのだが、調律に関しても両者の動きは様々に異なる。

そもそもステージというところは、演奏のために作られているにも拘《かか》わらず、一般に想像されるほど理想的な条件が揃っているわけではない。広く見えるステージも編成によってはひどく手狭なこともある。そもそもチェロという楽器は、前後左右斜めと、弓を弾くためのスペースが随分多く要る楽器なのだが、通奏低音の時には、前述の鍵盤楽器たちとうまく連携するために狭いところに押し込められることもしばしばである。しかもそこからは歌手が遠くてよく聞こえないとか見えないとかいうことさえある（見えなければ聴け、聞こえなければ感じて合わせろ、というのが通奏低音の掟だ）。照明のお陰で舞台上は大抵二六、七度の常夏、たくさん人が入るホールという空間は対流で常に風が起きている。突然楽譜がヒラヒラ〜などということが起きるのはそのためだ。新しいホールは設備が良いことも多いが、サーモスタットで空調が働き始めるかもしれないし、たいてい舞台裏や楽屋と舞台上とでは湿度や温度が違う。

宗教作品は当然のことながら教会で演奏することも多いので、ホールとは違った条件が加わる。ライトがなくて楽譜が見えないとか、スペースが極端に狭かったりいびつな形だったり、楽屋としてあてがわれる控え室ははるか遠くの別棟で温度も湿度も違うえ、外は雨が降っているとか、雪の降る真冬に暖房がないとか灼熱の夏に冷房がないとか、はたまたトイレは聴衆と共同で外にあるとかトイレそのものが全くないとか……。幸か不幸かこれらは誇張ではなく、すべて経験に基づいた話である。


もうよく知られているように、楽器というものは総じて湿度・温度に敏感で、それによっていろいろ変化する。特にオリジナル楽器は即ち湿度計・温度計のようなもの、ガット弦と弓の毛はその最たるものである。

一般的にいって、温度が上がるとチェンバロは弦が伸びてピッチは下がるが、オルガンの金属のパイプは上がる。しかし湿度が上がるとチェンバロは箱が膨張するので弦が引っ張られてピッチが上がるが、オルガンはパイプが木管なら下がる。一つのコンサートの最初から最後まで同じ温度・湿度でいることはまずあり得ないので、調律師は、まずその日の朝からコンサートに至るまでの天気を睨み、何時に楽器を搬入したかを考慮し、その場所の温度・湿度、照明の具合などをみて、コンサート中にチェンバロとオルガンのピッチがそれぞれどのように動くかを予想して、どこにベストを持ってくるべきかを考えて調律するのである。両方がずっと完全に同じとは限らない。場合によっては、コンサートの開始時点ではごく僅かピッチが違うように設定されることもある。それに合わせて「一音」を弾くのはチェロをはじめとする通奏低音奏者のみ、他の人は殆ど気づかない。我々が外れていない限りは……。

いっぽう温度計・湿度計そのものであるガット弦は、温度・湿度が上がるとピッチが下がるが、裸のガットと低音に使われる巻き弦（ガットの周りに銀や銅などの金属を巻いた弦）はそのスピードが違う。また湿度が増えれば総じて下がるが、温度が上がれば巻き弦は上がる。湿気が増えて全体が少しずつ下がっているところに風が吹いてきたりすると、巻き弦だけがヒュ〜っと上がることもある。また東京の冬のように乾燥がひどい時期はたいてい弦が上がるのだが、乾燥が続くと楽器自体が縮むのでコマが下がり、弦と指板の間隔が狭くなるので弾き方を変えなければならないし、いよいよ乾燥すると裸ガットの弦も下がってくる。こうなってきた時は危険信号、楽器が割れる危険に曝《さら》されているということである。オソロシイ話だが、実はかなり頻繁に起こっている。もちろん夏には逆のことが起こり、楽器が膨らんでコマが高くなる。楽器の鳴りが悪くなったり弾きにくくなったりするが、木でできている楽器にとって、湿気はそんなに危険ではない。

こう書いてくると何と面倒なことをやっているのかと思われるだろうが、そんな道具を使った音楽的結果は、全てどこも同じの平均律、湿気も乾燥もお構いなし問題なしのスチール弦や電子楽器などを用いるより、遙かに深い喜びと感動をもたらしてくれる。

いつも誰よりも早く会場に到着して楽器を設置する調律師、天気を睨み、今晩の人の入りを考え、会場の空気を嗅ぎ、時間を計算し……というと甚だ厳密な仕事をする人のように聞こえるが、多くの場合彼らは天才的・山師的カンによってそれを処理していく、ようである。通奏低音と調律師は言わば裏方同士、公演がはねたあとの喉の潤し方についても、良い情報を共有することもある。

episode 4　ピッチ

時代や調性、共演する楽器その他諸々の条件によって、その曲に最適と考えられる調律法は変わる。ついでに言うと、一七～一八世紀はピッチも一つではない。これがまた厄介なのだ。

「バロックのピッチって低いんでしょう?」と時々聞かれることがある。現在の標準ピッチはA＝440～443Hz辺りで、今はもう使う人もあまりいないかもしれないが、電話で聞く時報の正時に鳴るのが440Hzである。その半音下が約415Hzで、昨今ではバロック音楽の標準ピッチのように用いられているのだが、それで全部ではない。バッハと同じ時代でも、フランスやフランス文化の影響下にあった国・地域では392Hz前後（フレンチ・ピッチと呼ばれる）、イギリスでは400Hzと少し、また北イタリアやバッハの若い頃の北部から中部ドイツでは465Hzと、現在のAよりさらに半音高いピッチが用いられていた。また多くの場合、宗教音楽で用いられる教会ピッチ（コーア・トーン）と室内楽や世俗曲に用いられる室内ピッチ（カンマー・トーン）と、スタンダードが二つあるのが普通で、教会ピッチは室内ピッチより半音或いは一全音高い。その他に、一八世紀末のハイドンやモーツァルトの時代には、街によってプラスマイナス420Hz、430Hz、435Hzなどが「基準」ピッチとして存在した（こんなにいろいろあって何が基準なのか?）。昔は大工や棟梁が他の街に行くと、その地で使われる尺度をもらったという話を聞いたことがあるが、「郷に入っては郷に従え」、行く先々のピッチで演奏するのは面白いか面倒か、どちらだったろうか。

小幅の違いなら弦楽器にとってはさほど大きな問題ではないが、管楽器にとってはなかなか難しい。そこで、フルートやオーボエなど木管楽器では、組み立てる管の一部に長さの違う数本を用意したセットというものも作られていた。

バッハは、この392Hzから465Hzという約短3度の幅を巧みに利用してカンタータなど様々な作品を作った。有名な《ブランデンブルク協奏曲》第2番で、オーケストラは392Hzのヘ長調、トランペットは465Hzでニ長調、一緒に弾くと同じ調性になるという仕組みだ。このことが分かるまで、二〇世紀の研究者達はF管のトランペットはどこにあるのかと探し回っていたそうだ。また、ヴィヴァルディが活躍していたヴェネツィアなど北イタリアでは、低い方の室内ピッチ「カンマー・トーン」が440Hzだったそうだ。だから、有名な《四季》を弾くのに、バロック音楽だからといって415でやるのは正しくないということだ。またコレッリの曲をやろうと考えると、彼が活躍したのはローマ、ナポリと並んでフランスと同じほど低く、400Hz

かそれ以下だったらしい。だから厳密に作曲家の聴き慣れていた音で音楽しようとするなら、ヴィヴァルディとコレッリは同時に演奏できない。或いは二つのピッチで行う、楽器を二つ用意するなど容易ならざる大仕事となり、結果はどちらも音程が悪いなどということに陥ってしまうので、そのようなプログラムを避けるか、どちらか一つで目をつぶるかを選ぶしかない。

現代の音楽家は一日で地球の反対側まで行ってしまうし、一つのプロジェクトに十カ国以上から集まることもあるので、それなりの基準ピッチは必要である。旅立ち前に確認しておかなければ、特に管楽器や弦の多いリュートなどは仕事にならないということも大いにあり得る。

弦楽器でも、ピッチが違うと音色はもちろん、楽器の反応、適切な弓の圧力・スピードなど全てが変わるので、それぞれを頭と身体の両方で覚え、時には弦もそれに見合った太さの選択が必要になる。チェロやコントラバスなどの太い弦は展性が高いので対応幅が広く、少しのピッチ差なら弦を替える必要はないが、反応や音色が変わるのは同じである。低音弦楽器奏者はずぼらだから同じもので間に合わせているのではない、ということを申し添えておこう。

実は若い頃、少々神経質なくらいの絶対音感があった。もちろんそういう人はたくさんいるだろうと思う。442Hzと443Hzの違いが聴き取れていたので、この415Hzというバロックのピッチはとんでもないシロモノであった。「A？　そりゃAs（ラ♭）だよ！」というわけで、曲を聞くとそれなりに理解できるが、実は全部半音下に聞いている。そのピッチで楽譜を見ながら弾くと、勝手に左手がずり上がっていってしまうし、指遣いも分からなくなってしまって弾けなくなる。絶対音感がある者にとって、聞こえるのと違う音高の楽譜を見るのはどうにも耐え難いことなのである。これは今も学生達の間にしばしば見られ、その気持ち悪さと苦労はよくよく解る。

「絶対音感」は、こういう条件においてはゼッタイ的に不便な能力である。

どうにも慣れずに困っていたあるとき、一計を案じ、レコード（まだCDではなかった）を持っているバロックの曲の楽譜を買ってきた。そしてシドレミファ……と聞こえるところを大きな声で「ドレミファソ!!」と歌って、半音ずれたところをそれと認識するように無理強いしたのである。いわば、耳と頭を繋ぐ線を繋ぎ直すようなものであった。それが奏功したのか、しばらくするうちに何とか415HzのAを聞いて「ラ！」と言えるようになった。ところが、管楽器の人達は（彼らにはもともと絶対音感がなかったのか、それともそれに習熟したのか……）いとも簡単そうに「この部屋寒いな。今ちょっと楽器冷たいから413ぐらい」とか「暑くなってきたな。今は……417」とか平気で言うのである。こちらは昨日まで442と443は違うピッチと思っていたぐらいだから、「13と15は違うピッチでしょうが!?」と怒鳴りたいほどで、何といい加減なことを言うのかと憤慨し、結局いつも音程の手探り状態が続いていた。

しかし人間、何事にも慣れるものである。そのうち、ただ一点串刺しにしたような415というピッチの認識が少しずつ動き出し、13も17も許せるようになり、大体「その辺り」全部が415と言えるようになっていった。まだその先にはフレンチ・ピッチという高い（低い？

……）ハードル、そして４６５という本当に高いハードルがあり、またその途中の４３０という奇妙な高さのハードルもあったが、そのようにして徐々に「可変的絶対音感」とでも呼ぶべきものが身につき、今では、ある程度楽器の助けがあるとはいえ、大体４００前後~４４２、４４３までをAと認識できるようになった。可変なのになぜ絶対かというと、「Aを歌え」と言われればその辺りを歌うことはできるからである。ただ、それが４１５か４４０か、はたまた４３０かというところにはいまいち自身が持てない。これは進歩か退歩か……もちろん、発展的「変化」である。

episode 5　音の間隔、指の感覚

通奏低音は音楽の土台とはいうものの、世の中何一つ不動のものはない。現実には演奏曲目によってピッチや調律が変わり、湿度や温度でそれらが動き、楽器の反応も変わり、不動どころか目まぐるしいほどだ。しかし、かといって砂上の楼閣となってしまっては立派な作品に申し訳ないので、土台として役に立つよう、少しは勉強しなくてはならない。

大まかに言って、一七〜一八世紀の音楽に使われる調律法はミーン・トーン、ヴェルクマイスター、キルンベルガー、ヴァロッティ／ヤング、稀に平均律、等である。調律法は全部で一八〇ぐらいもあると聞いているが、基本的にそれは、以前お話したピタゴラスのコンマやシントニック・コンマというはみ出しを幾つの5度で解消するか、どこの5度を狭く（或いは広く）するかということであり、オーケストラなどの大規模アンサンブルでは、上記の調律法以外が用いられることはあまりない。

ところで、「調律」という言葉は鍵盤楽器にのみ用いられるもので、弦楽器では「調弦」、そ

のあとは音程（が良いか悪いか）としか言わない。不思議なことだ。しかし通奏低音の場合には、自分の指を調律するかのように間隔を「調整」する必要がある。

ここで、ヴァイオリン属の弦楽器の指遣いについてちょっとお話しておこうと思う。弦楽器を弾かない方も少しばかり想像してみていただきたい。

まず弦楽器では、人差し指を1、小指を4の指と呼ぶ。ピアノは親指も同様に鍵盤におくので親指が1だが、ヴァイオリンで親指は弦の上に登場しないし（例外は、ある！　だが記号や数字はない）、チェロの親指の使用は後からできたテクニックなので、ゼロの下に縦棒、逆さまの林檎のようなマークを使う。（しかし英語には「四本の指と親指（four fingers and a thumb）」という言い方がある。あれは弦楽器弾きが作った表現だったのか……？）その1から4の指を、基本的にヴァイオリンはディアトニック（全音）、チェロはクロマティック（半音）に並べる。

基本となる第1ポジジョンは開放弦から長2度上、D線ならEの音から、ヴァイオリンではE－F♯（またはF）－G－Aと指を置く。3の指が下の開放弦（G）ときっちりオクターヴ、4の指が上の弦（A）とユニゾンになる。またある弦の1の指と、隣り上の弦の4の指は1オクターヴになるので、ヴァイオリンは、基本的にどこのポジションでも1の指から始まる1オクターヴのスケールを素早く弾くことができる。簡単な楽器なのだ！（世の中にきら星の如くひしめく素晴らしいヴァイオリニスト達を見よ。私の周りにもあなたの周りにも。こんなにたくさんいるのは楽器が簡単だから……理屈に適っているではないか？　こういうと袋叩きに遭うかもしれないが、少なくとも音を素早く弾くことにかけてはチェロの何倍も優れている）。

チェロの場合、１の指の出発点は同じだが、そこからE－F－F♯－Gと半音に並べるので、4の指が下の弦と1オクターヴになる。一つのポジジョンの二本の弦の間に1オクターヴはなく、ヴァイオリンと同じようなスケールを弾こうとするとどこかでポジジョンを移動しなければならない。これが、チェロ奏者の左手が何だかいつもせわしなく、喧《やかま》しく動き回っている理由である。もちろん、必要以上にそう見える人もいるにはいるが。さらに、１の指だけが開いて2との間に全音を作る「広いポジジョン」というものがある。残り三本の指はいつも一緒に半音の幅でいて（ついでに言うと、その裏側で軽く支える親指もこの三本と共に動く）、１の指だけが尺取り虫よろしく広がったり縮まったりする。お解りであろうか。チェロという楽器は難しい。

さて、読者の皆さんもちょっとご自分の左手を眺めてみていただきたい。2と3の間、つまり中指と薬指の間は簡単にスッと開くだろうか。あまり開かない人も少なからずおられると思う。たいてい1と2の間は開きやすい。そもそも、指の長さや形状、強さや柔らかさは千差万別、一人ずつ皆違う。それぞれ弱いところを鍛え、短いところを延ばし長いところを縮め……といろんなことをして、美しく揃ったポジジョンを作るのである。音楽は聴くものだから見て美しい必要はないとも言えるが、ラジオにしか出ませんという人は少ないし、素晴らしい成績を打ち出すスポーツ選手の動きが理に適って美しいのと同様、よく整理された指や弓の動きは見て美しく、美しい動きは美しい音を出しやすいものである。むろん出せると断言はできないし、見てくれに反して美しい音を出す人もいる。

チェロの基本、D線の第1ポジジョンで2と3の指はFとF♯を押さえるのだが、平均律ではこの幅が結構広い。旋律を弾いているとさらに低いFや高いF♯を求められる時もあるので、楽器弾きは皆、子供の頃からこの二本の間をしっかり開くことを鍛錬させられる（正確には、よく開かない子供だけが）。また1の指は一番長い時間押さえている指であり、重心ではないがオリエンテーションの指針である（ピアノと違って、音が上がってゆくとき下の指は上げないのが基本）。

調律の話に戻って、ミーン・トーンでは、長3度を純正に取るせいでEやF♯はとても低く、Fは驚くほど高い。ということは子供の頃から習い覚えた指の形とまるで逆、1は少し延びて「広いポジジョン」に近づき、拡げるべく鍛錬してきた2と3の間はとても狭い。子供の頃先生にダメと言われた形だ。1の指の場所はミーン・トーンとキルンベルガーが最も低く、ヴェルクマイスターはごく僅か高め、ヴァロッティではさらに高くなる。調律を知らないと、第1ポジジョンでもうかつに指を降ろすことが出来ないことになる。

「あなたの指、ホントに凄いわね。まるで稲妻みたい！」「え？　いやぁ、それほどのことは……」「決して同じところに落ちないわ！」という楽しくキビしいジョークがあるが、そもそも開放弦はゼロ、指は全部上がっている。どうやってさっきと同じ場所に降ろせるのか？「*The note after zero is (will be) OUT of tune !*（開放弦の次はいつもハズレ！）」と、ビルスマはいつも笑って言っていた。調弦をしっかりし、それと同じ音を押さえられれば1オクターヴの一二個のうち四つの音は正しいことになるが、残り八つは指の間隔・感覚が頼りだ。

二〇世紀前半に活躍したE・フォイヤマンという天才的チェリストは、「弾く前にその音の上空に指が行って、ポンと降ろせば外れるはずがないじゃないか」と、人が外すのを理解できなかったという。まったく、人の苦労が解らない不幸な人である。しかし彼の言うように、多少なりとも弦の上空で、その幅で待っていられる型が左手に作られていなければ弦楽器は覚束ない。通奏低音奏者はさらに、その型が調律によって変わること、湿度や温度の変化など、弦の状況で随時それに微調整が必要なことを理解しなければならない。これはやはり、指の間隔を「調律」するという感じであり、少なくとも私の経験では、耳の感覚だけでは間に合わない。そしてこればかりは、「型破り」は全く歓迎されない。

episode 6　**両隣の鍵盤**

バッハのカンタータや受難曲等オーケストラの通奏低音では、しばしば複数の鍵盤楽器、それもチェンバロとオルガン両方が関わる。必ずしもチェロの両側に配置されているとは限らないが、とにかくこの二種類の鍵盤楽器と一緒になって全体の土台を作ってゆくのが通奏低音の仕事であり、この二つの楽器がどういう機能を持っているのか、どういう性癖があるのか（奏者の話ではなく……）、少しは知っておいた方が得策である。

前にも書いたように、オルガンは鍵盤から指を離すまで音が一定に鳴り続ける楽器、そしてチェンバロはギターのように小さなツメが弦に引っかかり、真鍮の弦をはじくことで音が出る楽器である。ついでに言うと、そういうわけでチェンバロは、ハンマーで弦を叩くピアノとは根本的に構造が異なり、時々間違って言われるようにピアノの「前身」とはいえない。前身は、クラヴィコードという楽器である。

さて、［episode1］で書いたように、通奏低音の楽譜には鍵盤楽器奏者が右手で何を弾くか、具体的な音は書かれていない。どの和音、或いは和音を構成している音をどういう配置で弾くかが数字で書かれているだけであり、奏者はそれを見ながら、平行や並達、3度重複などの禁則を作らないよう注意しながら、右手のパートをその場で作ってゆくのである。禁則についてここで書くのは専門的すぎるので、それが美しくないという美的感覚によって和声理論が作られていたから、とだけ述べておこう。

両方の奏者が同じ数字を見て、それぞれ少しずつ違う右手を作りつつ弾いてゆく、それはなかなか不思議な共同作業であり、なかなか興味深い見ものの聞きものである。しかし、バスだけを一緒に弾く者にとってそれよりも大きな課題は、それぞれの楽器の音とどのように溶け合うかということである。

前述のように、チェンバロは一つの音を弾けばあとは減衰するのみ、また単音で音量や厚みは殆ど変えられない。そこで、時によって音の数を増減したり、和音の配置を変えたりして強弱をつけ、またアルペジォによって音の勢いや厚みなどの変化をつける。オルガンも音の数や配置を変えるが、基本的にアルペジォは用いない。

このような鍵盤楽器と混ざり合って弾くチェロはどのようになっているのが良いのか。もちろんcase by case、また人によって考えもいろいろあろうが、今までにも書いたように通奏低音は複数の楽器で一つの機能となるものであり、個々の楽器は、それと聞こえつつもバラバラではいけない。上手く作られたスープのダシや中身が、よく味わえば判るものの、渾然一体となって新たな味となっているのと同様であり、理想は「バスがしっかり聞こえるチェンバロ」「和声があるようなチェロ」「音量が増減するオルガン」である。

チェンバロはピアノと似た形をしているが弦の張力はずっと弱いので、特に低音の方の一音をよく聴くと、発音の後まっすぐ減衰するのではなく、僅かな撓《たわ》みがあるように聞こえる。良い発音と美しい減衰の形、これがあってこそ音楽は語り、歌うことができる。そこでチェロもまた、まずはチェンバロの単音と同じ発音・減衰ができるべきであり、さらにアルペジォの速さや音の厚みに合わせて、同様の勢いや膨らみをもった音を形作るのである。

とはいうものの、チェロは常にチェンバロの一番下の音と同時に弾いているわけで、チェンバロ奏者が左手の音（バス）を拍より前にずらしてアルペジォをすると、チェロ奏者は同時に弾くことが出来ない。その時間より早くバスが聞こえては良くないし、バナナの皮でも踏んでしまったように、土台が崩れてしまうからである。チェンバロが一人で弾く場合（ピアノでもよくあることだが）、右手の旋律で拍を感じているためにバスが先に出ることは実に多いが、通奏低音として鍵盤楽器を弾く時は別、それをやっては通奏低音グループが構成できない。

人間の耳は不思議なもので、「一拍目」といったものは瞬間のはずなのに、その認識にはずいぶんと幅がある。別の章で書くこともあろうかと思うが、言葉の切れ目や拍節感などを出すためには「アーティキュレーション」といって、音と音の間を空ける、或いは次の音の前で待つといった工夫が必要なのだが、それは時計に嵌《は》まらない、エキストラの時間である。

余談だが、長らく住んでいたオランダでのこと。鉄道の駅の時計は、秒針がぐるっと回って一二時のところまで来ると一旦止まり、カタンと分針が一目盛り進んでから再び秒針が動き出すようになっていた。「おお、この時計にはアーティキュレーションがある。さすがは古楽の国、オランダ！」などと言って笑ったものだが、今はどうだろうか。もっとも、その時計で日本の新幹線や朝の山手線は到底運行できないように思うが……。


さて、減衰が音楽を歌い語らせるとすれば、ずっと鳴り続けるオルガンは歌えない楽器、語らない道具だろうか。もちろんそんなことはない。普通、オルガンは音の繋がりが大切な楽器と考えられているかもしれないが、オルガンは、いつどのように音を切るかを考える楽器なのである。切ることによって響き、また言葉遣いが出来る。

N・アルノンクール氏も言っているように、音というものは楽器の内に、そして部屋に、さらには聴く者の心の中に響くので、音の終わりがどこと厳密には言い切れない（彼は、したがって楽譜に書かれているのはいつ音を出すかということのみ、と言っている。蓋《けだ》し名言というべきである）。教会やホールなどには常に何らかの残響があるので、それを如何に使うかを考えなくてはならない。オルガンが少し短めに終わり、チェロがうまくやれば、オルガンの音が静かに消えていくようなしっぽを作ることも出来る。チェンバロとの場合にはチェロの方が長く弾くこともあれば逆のこともある。通奏低音グループは、全ての楽器が同じ長さで弾くとは限らない。要求されているのは、一つになって聞こえることである。

さらに言えば、個々の楽器がそれぞれ十分に鳴っているのが全体にとってベストとは限らない。全体を形作り、和声の色付けや肉付けをし、上声部の人が自由に歌い、語れるように進めたり緩《ゆる》めたり、間合いを取ったり詰めたりしながらも、その作業は「支える」ものであって前面に出てくるべきことではない。また低音は、重い拍と軽い拍、充実した和音と意味の稀薄な和音などの差をことさら明らかにして弾いていなければならない。そのために、軽い拍のいちばん軽い音などはチェンバロでも本当に短く、触っただけ、かすっただけ、というほどに弾くことがある。ならばもちろんチェロや他の楽器も同様にするべきであり、「自分の楽器がちゃんと鳴っているか」といったことは二の次、三の次なのである。言葉の中に殆ど響きのない子音があるように、低音の中にも驚くほど軽い音があり、それは全体がForteであってもそうなのである。また他の奏者や遠くで聴いている人に低音の歯切れがはっきり聞こえるためには、時にチェロは非常に硬く、嚙みつくような鋭さをもって発音しなければならないこともあり、必ずしも自分の耳に心地よくはないかもしれない。しかしそれは自分の楽器やパートを犠牲にすることではなく、楽器を正しく「道具（musical instrument）」として使うことなのだ。とはいうものの、己が主役となって旋律を弾くことを中心に教える一般的な教育からすると、楽器が十分に鳴っていなくて、しかも発音が汚いなどという状態は到底褒《ほ》められない。そこで、低音を演奏するときには、何を優先するのかという理解、全体がどう響くべきかという認識こそが重要となるのである。自分の楽器の「鳴り方」をアンサンブル全体の響きや動きより優先しては、「役に立つ」通奏低音とはなり得ない。

ところで、オルガンと一体となって溶け合うというと聞こえは良いが、チェロ奏者の耳には自分の音が貧弱に聞こえ、何と言おうか、カスのような音しか聞こえない。どの成分か良く分からないが、チェロの響きがオルガンに吸収されて、音の残りかす、ノイズ成分のようなものばかりが聞こえるのだ。最初のうちはそれが良く分からず、どうも今日は楽器の調子が悪いとか、この部屋の響きはどうも良くないとか思ってしまったものだが、それはオルガンとの組み合わせで起きる現象・印象なのである。

もちろん音楽家というものは、自分の耳元やステージ上ではなく、客席の方で良い音がするようにと考えて音を作るものであり、自分が一番よいものを聞くことはできない。そもそもチェロは、スズキであろうがストラディヴァリであろうが前から聴く方がずっと良いのだが、どんな天才でもそればかりは一生聴けない。だからもちろん、仕方ないことが一つ増えるだけの話だが、ことオルガンとの合奏は、溶ければ溶けるほど自分に残るのはカスばかり……という哀しき宿命である。

episode 7　発音と減衰

前章で、発音と減衰の形こそは音楽を歌い語らせるものと書いたのだが、そのことを訝《いぶか》しく思われた方もいるのではなかろうか。減衰？　音が痩せていいはずがないではないか、音は太く豊かにあるべきだし、痩せずに綿々と連なってゆくのを「歌う」というのではないか、という意見もあるだろう。そもそも、減じる・衰えると書くこの言葉に、どのような意味であれ良いイメージを持つのは難しい。

一九世紀後半の後期ロマン派の音楽の歌い方なら、そう言える面もあるかもしれない。何本もの小節線を越えて延々と続くスラー、一つのシラブルでずっと続く旋律、小節の最後から次へとうねるように続いて拍節感が薄れてゆき、エンハーモニック（異名同音）の連続で調性が崩壊に近づく、妖しく危険な美しさ……。そこから先の美的感覚について述べるのは別の機会、或いは別の方に譲るとして、ともあれそれはもちろん、一つの美のあり方である。しかしどの時代もそうだったわけではない。エステティックス、美観というものは時代と共に変化してゆくもの、また前にあったことを否定して出来上がってくるものである。人間は、一つの趣味を永く保つことができない生き物らしい。いや、ネクタイの幅やスカートの丈のように、それもまた巡り巡ってくるのかもしれないが……。

バロック音楽は言葉との繋がりが深いとよくいわれるが、それにはいろいろな意味やレベルがある。一六世紀末から一七世紀に流行したマドリガルなどはテキストが音楽よりも重要だという考えで、「レチタール・カンタンド（語るように歌う）」といい、音楽は言葉に仕えて意味を助け強めるもの、色付けするものというように、言葉が優先であった。器楽はテキストがない分自由な想像ができるともいえるが、フレーズの構造やレトリックなど、喋ることや詩の形態などとの繋がりは深く、やはり言葉を喋っているように演奏することが期待されているのである。結局のところ、バロックはもとより古典派も、また初期ロマン派辺りまで下ってもなお、旋律を歌うとかフレーズを形作るとは即ち、文章を読むように、或いは詩を朗読するかのように奏することなのだといっても過言ではない。

バッハの時代、彼の音楽もまた、テキストとの関係は無視できない。プロテスタント教会で用いられたカンタータやコラールはそもそも、高度な教育を受けた一部の人しか分からないラテン語ではなく、一般の会衆が広く理解できるようにドイツ語になっているのであり、言葉が聞こえなければその音楽の意味は半減する。カトリック教会の典礼では、用いられるラテン語の歌詞やその順序などは多くの人が聞き慣れ親しんでいるものなので、ひと言聞こえれば後は想像がつくと言えるのかもしれないが、やはりそれと分かるだけ聞こえるに越したことはない。後期バロックや古典派の時代になってくると声楽と器楽、詩と音楽の位置や関係は変わってくるが、基本的にヨーロッパの音楽は歌・テキストを元に出来てきたということを忘れることは出来ない。

これはしかし、器楽奏者にとって、また母語がヨーロッパ語ではない人にとって簡単なことではない。「歌じゃない、楽器が好きなんだ」と思って始めたという人も多かろう。それなのに、それをもっと学ぼうとすると語学的な理解が要求される。これは決して低くないハードルである。

そうはいうものの、言葉のように音を扱い、喋るように音を出すのは、考えようによってはなかなか面白い。通奏低音の仕事でいうと、支えるのは弦楽器とは限らず、むしろ歌や管楽器など息を用いるもののバスを弾く方が多いぐらいなので、息の合ったアンサンブルをしようと思うなら、彼らがいつ息を吸い、どういう作業で発音しているのかを理解するのは非常に重要である。

単語一つを分解すると幾つかのシラブル、つまり子音というノイズとそれに続く母音の連なりになる。子音の種類によって音の出だし、性格やタイミングが決まり、母音はそのボディ、音色となる。日本人は、「k」というノイズ、「a―」という母音の響き、「s」・「an」と子音・母音を二つずつ聞いて、「母」を瞼《まぶた》に思い浮かべるのである。考えてみればこれはスゴいことではないか？　もちろん母音で始まる言葉もあり、その場合は幾分柔らかに始まるのだが、ドイツ語では「閉塞音（閉鎖音）」といって、空気を一度止めてから発音するので、一種の破裂を伴い、現象としては子音に近い。

日常生活でそんな事を考えていては会話が成り立たず、あいつのアタマは大丈夫かと周りの人が心配するだろう。しかしステージの上で喋るときは、離れたところにいる複数の人がそれを聴き取れなければならないので、何もかもが大袈裟になり、またこのように細かく作業とタイミングを分析することも必要になってくる。

ところで、日本語には五十音表というものがあり、私達は「あ〜お」の母音と同じように「か〜こ」「さ〜そ」を捉えてしまいがちである。つまり前述のように「か」を「k」と「a」とに分けて認識することが難しいのだ。しかし、この「ノイズ＋響き」の連結が言葉となり意味を持って理解されるためには、子音がはっきり聞こえなければならないので、特に歌手は、子音を発する時間と母音を響かせる時間をきちんと分けて考えなければならない。子音「k」が聞こえなくなっては意味が分からないので、通奏低音は歌につける場合、子音を聞いてから母音「a」と共に音を出すことになっている。子音と同時に弾くと聞こえなくなってしまうのだ。人に聞こえるべきは「かあさん」であり、「あーさん」や「あんさん」ではない。

ということは、歌う方の発音もさることながら、こちらがいつ音を出しているか、どのような形の音を出しているかということも明確になっていなければ、ぴったり合ったという感覚も納得も得られないということである。音というものはその出だしに命がかかっているといってもよく、音のアタマは最も重要なメッセージである。

チェンバロは、どんなにおどおどしようが躊躇しようが音の出だしを隠せない楽器である。そぉっと鍵盤を押しても、ツメが弦をピンとはじくことに変わりはない。オルガンは、そぉっと押すとパイプに空気が少しずつ入って、正しい音程に聞こえない。チェンバロほど鋭くはないものの、やはりパッと音が出る楽器である。管楽器は、余程の例外を除いてタンギングしないで音を始めることはない。つまりどんなに静かであっても「子音＋母音」の構造は歌手と同じということである。

ひるがえって弦楽器はどうかというと、弦に弓を置いて擦るだけなのだから、いい加減にも激しくも、硬くも柔らかくも、音の出だしは実にどうにでもなる。しかし、自分が何を言っているのか分かって貰うためにはやはり、音の出だしが明らかでなくてはならない。音の出だしは人の顔のように、まず奏者の意志を端的に表す瞬間なのである。そこで、弓を弦に置いて動かし始めるときには、どんな柔らかい音の時でも最小限の「発音」が必要となる。音域が低くて聞こえにくい低音楽器にあってはなおさら、音の出だしがはっきり分かることは殊更《ことさら》重要である。弾く前に弦に弓を置き、準備が整って静止している状態を作る、これこそが通奏低音弾きの「技術上の」第一歩、と言っておくことにしよう。

さて、一つ良い発音で言葉を始めたとして、次の発音が良く聞こえるためには、母音に何らかのシェイプがあって減っていかなければ次が聞こえない。言語を聞いていると実に様々な形で音が踊っていて、母音も子音も千差万別、日本語でも実際喋っているときの抑揚は相当なものだ。決して非人間的に声を作り感情を押し殺すアナウンサーのようではない。演奏においては、子音の種類が多いのは語り口の面白さ、母音が多いのは音色の豊かさと言い換えることが出来る。

一つの音は、まったく減衰も増加もしないで出し続けていると「じっとしている」ように感じるが、それが増えたり減ったりすると、近づいたり遠のいたり、浮かんだり沈んだり放物線を描いたり……と動きの表現となる。振り子の揺れを二回見ればそこに周期（テンポ）を感じ取れるのと同じように、音は何らかの意味で減衰しなければテンポを表せない。全音符にテンポを持たせるには僅かなたわみと減衰によって「しっぽ」を作るしかなく、電子音のように真っ直ぐでは不可能である。

最初に書いたように「減衰」という言葉・文字のイメージは良くないが、言葉としての音楽には必要不可欠なもの、語る音楽とは即ち「減衰の美」である。誤解を避けるために一つ加えておくと、減衰はときに非常に緩く、例えば水平線は真っ直ぐではないという程のレベルのこともある。何でもかんでもディミヌエンドすれば良いと言っているわけではない。

episode 8

発音の道具

発音が大事だとか音の形、子音がどうしたということを書いてくると、やはり一度は、どういう道具でそれを作るのかということも書いておかなければならないように思う。

声楽なら、よく言うように身体が楽器なのであり、息があり声帯があり、身体全体が響く。そして音の形を整え発音するのは、口腔の形、歯・唇・舌などである。管楽器は殆どそれと同じだが、口の外に道具がもう少しくっついているといえる。もちろん楽器の良し悪し、指遣いや構えがどうあるべきといったことはたくさんあるが、多くを決定する要素は見えない口の中、身体の中にある。実際管楽器奏者が演奏しているときの口や喉、身体の中は歌手と同じようなものだそうで、あるトランペット奏者は、風邪で高い声が出ないときにはやはり高い音が出ないと言っていた。

弦楽器奏者は、歌手や管楽器奏者に比べれば見える要素が多い。とはいえ、やはり弾いている時の身体の中の状態は音に大きく影響するし、腕のどの筋肉を使っているのか、どこが硬くどこが柔らかいのか、表側から見えない両手の親指が何をしているかなど、肝腎のポイントはやはり

「見える人」にしか見えない。

弦楽器の「発音」は何といっても弓、右手である。右手の動きは歌手の息であり、弓の角度や持ち方の加減、右手指の一本一本は舌や歯、唇にあたる。もちろん左手の押さえ方や指の上げ下ろしの角度・速度なども発音に大いに関係しているが、右手、そして弓がどうなっているのか、それこそは音楽を活きたものにも死んだものにもさせる大きな違いである。

言うまでもないが、弓奏弦楽器の三大要素は楽器本体・弓・そして弦である。それ以外に音に影響するのは、楽器の方ではコマや指板の材質と長さ、弓の方では毛や松ヤニなどがあるが、私はどういうわけか、若いときからこの弓という道具にとても惹かれていた。

人に度量の大きい人や小さい人がおり、また多岐にわたって能力のある人とそうでない人がいるように、楽器にも様々なキャラクターがある。作られた時代や地方、オールド・ファッションか進歩的かなど、人間と同じように千差万別、同じものは一つもない。様々な要素をよく考え合わせれば、どんな音楽にも適したオールマイティの楽器というものは殆ど存在し得ない。豪邸にも匹敵する値段で取引されるストラディヴァリなどの名器でさえ、全ての音楽に「相応しい」とは限らない。しかしそのストラディヴァリも、良い弓がなければ能力は一〇〇パーセント発揮されないのである。

弓……もちろん本当は奏者の「腕前」こそが問題なのだが、良い弓はそれぞれの楽器から最大限の能力を引き出す。大したことはないと思っていた楽器が、弓を替えると俄然響きだし、輝きを増す。それまで自分でも知らなかった音色が現れ、弁舌爽やかな語り口調のように歯切れ良くなり、様々な音型が見えてくるばかりか音程までもよく聞こえる。そのような経験を、弦楽器奏者なら多かれ少なかれ持っているだろう。「感動を与える音」を定義することは不可能だが、楽器の隅々まで響いていると実感する音は概して説得力を持つものである。名器であっても、それが十分に鳴っていない、存分に使われていないと感じられる時にはどこか虚しさを覚える。二束三文の楽器でも、そこから一二〇パーセントを引き出すことを可能にするのは、「腕」の延長ともいうべき弓である。しかも、実際に弦に触れているのは馬の毛のみ、高い値段で買う木そのものは触れないのに大きな違いが出てくる。その不思議さにも魅力を覚えてしまうのだ。

時代と共に変化してきた弓だが、製作者による差や個体差も大いにあるし、名弓は少々の時代差やスタイルの差を超えて要求を満たすということもある。奏者の慣れも大いに影響する。そういう個体差・個人差による「使いやすさ」と、同時代の道具に一種共通の特徴があるという「使いやすさ」を混同しないようにする注意が必要だ。

例えば、音色が素晴らしく歯切れ良く使いやすいロマン派時代の弓と、音色も使い心地も中庸なバロック弓を比較するとする。どういう曲を弾くかにもよるが、ちょっと試してみたときには、ロマン派の弓の方が音楽に合っていると感じるかもしれない。そのタイプに慣れていればなおさらのことである。しかしバロック弓にはそれ特有の性能があり、その時代の音楽のあり方と関係しているので、あまり良くない弓だとしても、そのタイプの道具だからできる、或いは書かれているスラー等の意味が解る、ということも起こり得るのである。もちろん、だからといってそのスタイルの弓が良い音楽を保証するものではない。

名ヴァイオリニストであったヨーゼフ・シゲティは、三分以内に良いかどうか判らないなら買うべきではないと言ったそうである。それ以上弾かなければ判らないなら大した弓ではないか、すぐに良さが判らない人は持つに値しない、という意味だろう。実は、あながち誇張とも思えない。優れた弓は一、二音弾いてすぐ「おぉ!」と感じるものだからだ。弓を手に持つ感覚というのはまことに不思議なもので説明不可能、感じるしかない。

では、弓が「良い」と思うのはどういう要素によるのだろうか。おそらく、音色、発音、そしてバランスの良し悪し(使いやすいかどうか)、という三点だろう。人の話を聞くのに、声が良ければ好感が持て、そして発音良く喋ってくれればよく分かるというのと似ている。発音、つまり音がいつ、どういう形で発せられるかということは言いたい内容と直結しており、それを司る道具が弓なのである。

通奏低音奏者にとってこの発音というものは殊更重要である。そもそも音域が低くて聞こえにくいのがバスというものだが、それを聞いて歌手や旋律奏者はテンポの基準を認識し、和声を感じとる。上声部の人と合っているのか、遅いか早いか、軽いか重いか、焦らせているのか引きずっているのかなどということも、突き詰めて言えばいつ音が出たかが分かってこその話であり、不明瞭に弾けば当然全てが遅れて聞こえる。通奏低音は発音こそイノチ、なのだ。

ところで、弓の機能や音色、使いやすさなどは、その材質と長さ、形状によって決まる。バロック時代によく用いられていたのはスネークウッドと呼ばれる木で、はっきり数字は知らないが黒檀や紫檀に次いで密度が高い。蛇柄のような美しい杢《もく》が出ることから、ステッキや箸などにも使われる。密度の高い材木にはそれ独特の音の伝導性があり、特に低音域では音の明瞭さに繋がる。それ以外にアイアンウッド（鉄木）もよく使われたが、これも密度はかなり高い。コントラバスの弓にはかえって軽い材木、ブナや果樹もよく使われた。

スネークウッドに続いて、一八世紀の後半ヨーロッパに入ってきたのがペルナンブーコといわれる南米の木で、削ると赤唐辛子のように真っ赤な粉になり、染料の原料として使われた。この材木が弾力性に富み細工がしやすいことから、段々弓にも用いられるようになってきた。しかしこの材木にはスネークウッドほどの密度がなく、悪く言えば少しぼやけた、良く言えば温かくて幅広い音が出るようになった。材料の変化が先か、求める音が変わってその材料が注目されたのかは分からないが、この材料の移行と、バロックから古典派へと音の趣味が変わってきたこととは実に良く符合しているように思われてならない。スネークウッドのバロック弓とチェンバロ、ペルナンブーコのクラシック弓とフォルテピアノはそれぞれどこか似た音質を持っている。

その後このペルナンブーコはロマン派から現代に至るまで使われ続けているが、地球温暖化のせいもあって、昔のように密度が高く質の良い材木がもう殆ど採れなくなったと聞いている。楽音もまた、温暖化の影響からは逃れられないということか。

良い材料があったとして、次に重要なのは長さと形状である。一般的に弓は、長ければ音色がフルート系に、短ければリード系になる。またスティックと毛が平行に近ければダウンとアップ、つまり双方向の音色や機能は近づき、三角形に近ければ手元のアタックは強く、弓先は弱くなりやすい。響きの短いホールではフルート系の音の方が耳に心地よいが、教会のように響く場所では、リード系の音でなければ部屋の響きに溶けてしまって聞こえない。また、長い弓は当然扱いにくく、素早い反復も難しい。弓の製作における難しさとは、心地よい音色と明確な発音、伸びやかな音と敏捷《びんしょう》な動きという、相反する性質をいかにして実現するか、どこで折り合いをつけるかということなのであろう。

バスのラインで長い旋律を弾くことはまれだが、短い音符をはっきり弾くことは頻繁に求められるので、通奏低音を弾くときの弓は短めの方が好都合なことが多い。しかし、古楽をやりたい、オリジナル楽器を、通奏低音を弾きたいという人は大抵誰でも、バスも弾きたいがソナタも弾きたいし、コンチェルトのメロディも弾きたい、バッハも弾きたいがせめて初期のモーツァルトやハイドンぐらいまでは弾きたい……というように、「古楽」「オリジナル楽器」といいながら、結局はオールマイティな弓を探そうとしてしまう。そしてともすれば、通奏低音向きよりは、ソナタのメロディなどに向いた弓を選びがちになる。もちろん、その方が自分の腕が知っている「弓」に近いからである。

「何にでも役に立つ」は「何にも本当には役立たない」と同じことであり、古典調律に対する平均律が「どこでもきれいだが、本当にきれいな場所はどこにもない」というのと似ている。弓を何本も持つのは大変だが、もしバロック云々をやってみたいなら、まずは通奏低音に向く弓を求めるのが望ましい。通奏低音に向いた弓は、バッハの《無伴奏チェロ組曲》を弾くのにも適しているからである。

たかが弓、されど弓。道具の選択はすでに演奏行為の出発点ともいえる。

episode 9　音量の問題

カンタータや受難曲などでは多くの場合、最初に合唱付きの大規模な曲があり、それからレチタティーヴォやソロのアリアなどが出てくる。時には演奏者が二、三人と歌手が一人という室内楽的規模、他の曲では合唱入りのTutti（総奏）というふうに、曲の雰囲気もさることながら、関わる人数や音量全ての規模が大きく変わるのがこのような曲の特徴ともいえる。有名な《マタイ受難曲》は二つのオーケストラと二つの合唱に分かれた大規模作品であるが、曲によっては、フルート二本とアルト、チェロとオルガンのみである。したがって通奏低音は、どれくらいのものを支えるのかによって強さや大きさ、音量や発音の具合など、柔軟に対応することが求められる。しかし、曲の規模が変わるからといって、通奏低音の人数がそんなに変わるわけではない。合唱曲で入っていたコントラバスやファゴットなどが次のアリアで抜けるといったことはあっても、大きな曲だからチェロが四人になるなどということはないので、自分で相当に音量を加減しなければならないのだが、これが実はそう容易くはないのだ。

そもそもオリジナル楽器・古楽器と呼ばれる、昔のセットアップの楽器を現代の大ホールで弾くのは、簡単に言えばどこか間違っている。そういう場所で弾くために、楽器は一九世紀前半頃改造されたのであり、それほど大きくなく、教会のように響きのサポートもあるところで様々なニュアンスを持って弾くのがオリジナル楽器のはずであった。しかし、様々な現実的理由により、今日に生きる「古楽奏者」は、ある程度大ホールでも通用するだけの音量や表現を持っていることを余儀なくされてきている。シンフォニー・オーケストラが演奏するのと同じ大ホールなどで演奏するときでも、我々はせいぜいチェロが二人になるかどうか、それにコントラバスとファゴット、合計四人程度とチェンバロ、オルガンである。もちろん上声部もそんなに分厚くはないかもしれないが、歌手の声は、たいてい驚くほど大きい（楽器は歌手に合わせて音量を調節するが、楽器に合わせて歌手が加減するという話は殆ど聞かない。なぜか……）。

　最初に書いたように、受難曲やカンタータの第一曲目などは構造ががっしりして声部もたくさんあり、全体を支えるには相当の音量・音圧が必要である。そんな曲では、実は殆どずっと、コンチェルトのクライマックスのような音量で弾いている。もちろん、バスがソロになっては本末転倒なので表現はまったく異なるが、身体の全てを使い、音楽的にその箇所の雰囲気に相応しくありつつ（つまりたいていは涼しい顔をして）、可能な限り大きく豊かな音がする指遣い、弓遣い、身体遣いを考えて弾くのである。それはそれで相当のエネルギーを消費するものなのだが、別種のエネルギーが必要で神経を使うのは、それに続いて何が来るか、である。

時にはトランペットやティンパニも入る立派なオープニングの次に来るレシタティーヴォ。Recitativo、つまりrecitareは暗唱する・朗読・朗誦するという意味で、朗読に音程が付いているようなもの、話しつつ歌うものといえる（ちなみに「リサイタル」も同じ語源）。通奏低音は大事な言葉や文節の分かれ目などに和音を弾いて雰囲気を整え、言葉の意味や内容を充実させる。通奏低音の重要性、その仕事がはっきりと分かる時間だ。

多くの場合、出だしは音符一個、それをオルガン或いはチェンバロと、または両方と共に弾く。開放弦と同じなど簡単な音ならまだよいが、何かの♯や♭、奇妙な和音で始まることもしばしばである。そうすると、まずオーケストラ全体から自分一人だけ（＋鍵盤）になるので、どの程度の音量で弾けば聴衆にとってちょうどよくなるのかという判断が必要だ。一人が喋る（歌う）直前の準備の音が大きすぎては愚かしいが、小さすぎると、前のオーケストラと合唱の曲を聴いた耳にはよく聞こえないし、お膳立てには足りないかもしれない。音程ももちろん鍵盤楽器と合っていなければならないのだが、一曲目の後、開放弦がまだ正しく保たれているとは限らない。たかが音符一個、されど一個。相当のコントロールと状況判断、音楽の理解が要求される難しい一音なのだ。むろん、その後も文章の内容や歌手の歌い回しによって全て柔軟に変化しなければならないのは当然のことである。特に受難曲やミサなどの大規模作品で、レチタティーヴォの最初の一音を平気で、しかもちょうど良く弾けるようになるのにはけっこう経験が要る。少なくとも私には時間が必要だった。

さて、そんなレチタティーヴォの後にはアリアが来る。アリアはソロの歌手が一人（ときにはデュエット、まれに三重唱）と通奏低音のみのものと、ヴァイオリンやオーボエ、フルートなどオブリガート楽器が加わる形とがある。もちろん、オーケストラ全員で伴奏するアリアや、トランペットやティンパニも加わった輝かしいものもある。

ここで難しい音量の問題は、歌手とのバランス、オブリガート楽器が加わった時のバランス、またそれにTuttiが加わった時のバランスというように、曲想とは別に調整が必要ということである。フルートやオーボエ、リコーダーなど一八世紀の管楽器には出やすい音と出にくい音があり、どんなに奏者が優れていても出ないものは出ない。また特にフルートとリコーダーは、最下音から5、6度ぐらいの音域は音量が極端に弱く、反対にオーボエには小さく吹くことが難しい音もある。小さい音を大きくしろといっても無理は無理だし、そのような楽器の制約は音楽の表現に繋がっている事も多いので、無理強いしても良い結果は得られない。

そこで通奏低音は、大きく弾いても大丈夫な箇所と注意が必要な箇所を知って、デリケートな瞬間を土足で踏むようなことをしないように注意しなければならない。或いはまた、大きく出すぎる音がそう聞こえないように大きめに支えるということもできる。上声部をずっと目と耳で追い、頭の中で歌って、その奏者と楽器の都合や気持ちを、何かが起こる「前に」察知していなければやっていけないということである。

もちろんそれとは別に、歌の内容、言葉の意味や勢いに合わせていなければならないし、歌手と管楽器にはブレス（息継ぎ）という不可避な要素があり、時にはそれに余分に時間がかかる。息は足りていてもそこで文章が切れるとか、意味や場面が大きく変わるとかいった理由でタイミングを開けなければならないこともある。それにどんなに大きな声の歌手であっても、強勢がないシラブルは弱くなければならないし、突然音域が低くなれば大きくは響かないこともある。そこで、歌手の歌うこともやはり常に聞いていて、可能な限り歌詞も読んでいなければ、ブレスを取れなかったり、よいタイミングにならなかったりする。実践において大切なことは、練習の初回でそのタイミングが分からず先に行ってしまうことがあったとしても、同じところで二回やってはならないということだ。二回先に行かれてしまうと、大抵の管楽器奏者や歌手は、もう今までと同じ自然さでは息が取れなくなる。いやいや大丈夫と言ってもらっても、またずれるのではないかという僅かな不安が残るものだ。もちろんそれに時間がかかりすぎ不自然だという場合には相談すればよいのだが、そうでない限りは細心の注意が必要であり、したがって第一回目の合わせが大いに重要ということになる。そういう自分は大丈夫かと聞かれれば、常にとは言えないが、少なくともそのつもりでやっているのは確かである。

話は逸れるが、学生時代には「初見」で合わせをやってみようということがよくあるものだ。

弾けるかどうか分からないけれどどんな曲なのか知りたい、気の知れた仲間内でちょっと曲を読んでみようというのは、プロでもアマチュアでもよくあることだろう。しかし真面目に考えてみると、本当の初見というのは一生に一度しかできない。具合良くすっかり忘れてくれれば、またできるかもしれないが、大抵は弾いている途中で「あ、これ知ってた」とか「弾いたことあった、そういえば……」などとなるものだ（さらに話は逸れるが、先日ヨハン・シュトラウスの作品リストを見ていたら〈忘れることこそ人生の幸福（*Glücklich ist, wer vergißt*）〉というポルカがあるのを発見して楽しくなった）。だから、初見の時には是非とも全身全霊、持てる才能を全部発揮し一〇〇パーセント覚醒したアタマで弾くべきなのである。初めての感動は一度しかできない。曲を聴くのも、「初めて」は一回きりである。

元の話に戻ると、歌手とオブリガート楽器の音量のバランスがいつも良いとは限らない。特にフルートは音量がそんなに大きなものではなく、にもかかわらず音域がそれほど高くない曲の時などには、歌手と楽器どちらに音量を合わせたものかと戸惑うこともしばしばである。歌手が常に大きな音量で歌う傾向にあるのも、大きすぎる場所で演奏する機会が多いことの弊害であろうと思う。もっとも、彼等の名誉のために言っておくと、経験豊かでオリジナル楽器のことも良く知った歌手は、うまく音量を加減してくれる……時もある。

音量について可笑しなことをもう一つ。バッハのカンタータなどに書かれるフォルテとピアノは多くの場合歌手の出入りを示すもので、実際の音量とは関係なく、歌が入るところにpiano、歌が終わってTuttiで弾くところはforteとなっている。しかし歌手によって、また内容によっては、ソロの部分はとても強く、Tuttiのところはそれほどでもないことがある。歌の時には鍵盤と自分だけだがTuttiになると他の楽器も加わるということもあり、時により歌手によっては、pianoと見ると懸命になって大きく弾き、forteになったら弱く弾くなどという可笑しなことも起きるのである。

たいてい音符はそんなに多くないのだが、ぼんやりはしていられない。ヒマそうに見える低音奏者の頭の中は、実はなかなか忙しいのだ。

episode 10

王の拍と卑しい拍、緊張と弛緩

低音奏者はたいてい、上声部より弾く音符の数が少ない。ヴァイオリンやオーボエ、フルートなどが一小節に一二個とか一六個とか忙しく、或いはまた装飾的な32分音符などを弾いている間、我々は四～八個、いや時には一～二個ということもあり、楽譜の見てくれがけっこう白いことはしばしばである。口さがない仲間には「え、そんな簡単なこと弾いてんの⁉」といわれることもある。普通はそう思ってても口にしないものではないか……。

しかし考えてもみられよ。ヴァイオリンとチェロでは、楽器の容積は何倍か（知らないが）。弦の長さも太さも倍以上（ぐらい）、圧力は数倍（だろう……）、楽器自体ずっと重い。そして音域は1オクターヴ以上低い。そんな楽器でヴァイオリン達と常に同じ速さ、同じ数の音を並べたらとんでもないド迫力になる。もちろんそういう迫力を期待して書かれている音楽もあるのだが、いつもそれでは大変、常夏どころかずっと嵐のようなものであり、美しさや秩序、静かさや安定などを表すことは出来ない。少ない数の音符を弾いているのは世のため人のため……である。

それでもなお簡単な仕事をしているかのように思われる向きには、「いや、我々は単価の高い音符を弾いているのです」と言うことにしているが、正直なところ、そういう音を並べて弾くこと自体が難しいわけではない。しかし、では誰でも出来るかというとこれがそうでもない。たしかに音は並んだとしても、ちょっとした弾き方の違いによって音楽が面白くなったり退屈になったり、オーケストラ全体が生き生きしたり鈍重になってしまったり、軽々と進んでいったりどんどん重くなっていったりする。ではその違いはどうやって出来るのか。これの説明がなかなか難しい。

小学校の音楽の教科書に「三拍子は『強・弱・弱』、四拍子は『強・弱・中強・弱』」というのがあった。今もどうやらあるらしい。「中強」という言葉がどうも奇妙に感じて、それで覚えているのだと思う。なんとも大雑把に思えるこの説明はしかし、少なくとも一九世紀前半頃までの音楽において実に正しく、事あるごとに思い出されるべき鉄則の一つである。

これは、同じ音価の音符でも小節内の場所によって価値が違う、いわゆるヒエラルキー（階位）があるということで、四拍子なら一拍目は王の拍、四拍目は卑しい拍とさえ言われた。覚えていた「中強」は三拍目、いわば女王の拍というところだ（女王が王より弱いとは限らないが）。4分音符が四つ並んでいるとして、何も特別なマークがなくても、それらを等しく弾いてはならないというわけだから、よく考えるとこれはなかなか大変な規則なのである。きちんと平均に練習することに慣れている現代人、特に日本人にはちょっとした驚きとも言えるのではないか。リハーサル中、「いや、ちゃんと弾いていますよ！」と言いたくなったり言われたりすることはよくあるが、「ちゃんと」の定義は「全て等しく」ではない。同じ大きさで「ちゃんと」並べれば、小節の後の方が大きく、重く感じられてしまうのであり、普通・平均に聞こえるためには、音楽的に弱くなることなく、僅かに軽くしていかなければならない。

鉄則はもう一つあって、それは「不協和音は協和音よりも強くなければならず、不協和音が協和音へと解決する関係を途切れさせてはならない」という、緊張と弛緩の関係である。与えた緊張と緩み方のバランスがちょうど良ければ「自然に」、或いは自然の法則に適《かな》っていると感じる。拍によるヒエラルキーと和声のヒエラルキー、この二つによって、音楽上の言葉でどのシラブルが大切かとか、どこからどこまでが一つの単語か、アクセントはどこに置かれているかといったことが決まってゆき、ひいてはフレーズが形作られてゆく。

和声のことはともかく、拍節感の方は小学校でそのように習うのに、音楽学校へ来た頃にはもう忘れて、いや、「全部大切に」「全部響かせて美しく」等々様々な理由によって、結局かなりイコールに弾いてしまう。近・現代の音楽ならそれが良いこともあるだろうが、一九世紀前半ぐらいまでの音楽には何らかの意味で言葉との関連があり、そこではこの規則が昔も今も重要である。

二つの規則は時に矛盾しているようにも思える。弱い拍にある不協和音はどうするのか。一拍目で不協和音が解決するならば弱いのか、それとも王の拍だから強いのか……様々な意見や解釈が生まれてくる理由の一つでもあるが、そんなときに大切なのは、音の強弱と大小は同じではなく、別の軸にあるということの認識だ。大小は音量、強弱は音圧である。小さな声でドスのきいた強い言葉を言うこともできれば、大きな声で他愛もないお喋りができるのと同様、王の拍が必ずしも大きいとは限らず、卑しい拍が弱いとも限らない。楽譜に書かれているforte や piano が求めているのは音量なのか音圧なのか、その両方なのか。それをよく考えることによって、二つの規則が矛盾しない解決の方法を見つけることが出来る。

白い楽譜でヒマそうな通奏低音の音符は、そのような規則の骨組みのようなものだ。もう今では殆ど聞かれないが、昔のオーケストラの楽員は、一拍目と三拍目ばかり弾く低音の仕事を「一日・十五日」と言っていたものだ。まあ「王の拍・女王の拍」も似たようなものだが、少しは聞こえがよい。呼び方はどうあれ、紋切り型のお役所仕事になってはつまらない。一日・十五日がいつも日曜日ではないのと同様、和声やその上の旋律線はいつも同じとは限らない。何拍目を弾いているのか、不協和音がどこにありどこで解決するのか、旋律はどうなっているのかを見極めて、この音は何グラム、こちらは何グラム、この音は硬くこちらは柔らかくと加減しつつ、少ない音符に万感の思いを込めて全体像の中に嵌めてゆくのが通奏低音なのである。

episode 11

アップダウン・クイズ

テレビがまだ白黒だった頃「アップダウン・クイズ」という番組があった。回答者が数人並んで一人用ゴンドラのような椅子に着席、質問に正解すると座席が一段ずつ上がり、間違うと大きな×の札が置かれて一番下へ逆戻り。二度間違うともう一つ×の札がおかれて退席させられるが、その後のクイズで他に正解者がいない時に再び回答する権利を得て、正解すれば復帰できる。一〇問正解すると頭上にくす玉が割れ、晴れて「夢のハワイ旅行」と副賞一〇万円だったか三〇万円だったか……今考えればシステムも装置も笑うほど単純で他愛ないものだが、昨今いつでもどこかのチャンネルでやっているかまびすしいクイズ番組も、スタジオのセットと賞金が大きくなっただけで、本質は大して変わっていない。

オーケストラや室内楽の練習始めには頻繁に「そこ、アップ（上げ弓、弓先から手元へ）？」「それ、ダウンで（下げ弓、手元から弓先へ）」といった質問や指示が飛び交うので、この番組を知っている世代としてはついつい思い出してしまうのだが、もちろん一緒に笑える人は年々減っている。最初から指揮者かコンサートマスターが弓付りをしておいて誰も異論がなければ話は簡単だが、予想通りにうまく行かない時もあり、「そこ、どうして?」と聞きたくなることは少なくない。

アップか、はたまたダウンか、弓を決めるのは実に難しい。腕の動きは左右(ヴァイオリンなら文字通り上下)の二方向、しかしそれは「開く」と「閉じる」、或いは「能動的」と「受動的」、場合によっては「攻める」と「守る」といったように性格の異なったものであり、双方向同質ではない。方向は二つ、では三拍子はどうするか? シンコペーションの最初はアップ? ダウン? メロディに合わせてやっていて、途中で他の声部の音型が変わったらどうする? ヴァイオリンとチェロ・バスは同じであるべきか否か? チェロとコントラバスは揃えるべきか? あちら立てればこちらが立たずで議論百出となる。馬鹿馬鹿しいと思うこともしばしばだが、これがうまく行かないとオーケストラの響き方も機能も随分違ってしまうのだから、面倒でもやらなければならない。さらにオーケストラでは(特にオペラのピットに入ったときなどは)、弓が揃っていないと隣の人とぶつかって弾けないという現実問題もある。

一七世紀、イタリアから帰化してヴェルサイユの音楽文化に大いに貢献したジャン＝バティスト・リュリ(1632–1687)は、王のオーケストラを指導するにあたって、この拍の時にはダウン、ここではアップ、こういう音型の時にはこの組み合わせ、というふうに原則を明確にした。奏者達はまずそれを習得してから弾いたので、弓順を書き込まなくても揃っていたという。その見事な揃い方に驚いたゲオルク・ムファット（1653–1704）という作曲家・理論家がその原則を書き残し、後生の我々にも伝わることになったのだが、中には現代の習慣で普通に考えるのと随分違う規則もあって、大変興味深い。

モーツァルトの父レーオポルトは、ヴォルフガングが生まれた一七五六年に『ヴァイオリン奏法』という教則本を出したが、そこにも数々の原則があり、今も古典派の音楽を演奏するときには大いに有効である。その手の本は他にも様々あり、国や時代が違うと少しずつ違いがあって面白いのだが、同時にまたややこしい。少なくともベートーヴェン以前の音楽を弾くときには、そういった昔のルールを多少なりとも知っていると共通理解が増えて便利なのだが、さてどの本を参考にするかというところでまた問題が起きる可能性もある。

何はともあれ、ヴァイオリン属という、オーバーハンド（弓を上から持つ）で弾く楽器の大原則として、旋律（曲）の始まり、強拍や重要な音などにはダウンを用い、弱い拍やアウフタクト（アップビート）にはアップを用いる。この、大事なところにダウンの動きを持ってくるというのは、実はなかなか意味深いことなのだと私は思っている。

腕の動きを観察してみるとお分かりだと思うが、本来腕というものは縮む方向に素早く動く。恐らく身を守る本能として、反射神経でも動くからである。それに対して、腕を伸ばす方は能動的で、何か意志や目的が必要だ。だから、伸ばす方を速く動かすには訓練が必要である。腕を伸ばして人をぶん殴るのには訓練が要るが、ストーヴに触って「熱っ！」と手を引っ込めるのにジムに通う必要はない。いずれの方向でも速く動かすには訓練が必要だが、身体を伸ばし拡げる運動であるダウンを強拍に使うことは、そこにことさら意志が表明されるということでもあり、ヴァイオリン属の楽器の本質的な積極性・能動性に関わっていると思うのである。

ちなみに、これまた時代・国によって少々違いはあるが、一番定着している弓付けの記号では、ダウンのマークは小文字のnが四角くなったもの、アップは言うまでもなくvである。N・アーノンクール氏は、これがラテン語のnobilis（気高い）とvillis（卑しい）の頭文字と無関係ではない、と言っている。一拍目は王の拍、四拍目は卑しい拍という話は前回、［episode10］で書いたのでご参照いただきたい。

ヴァイオリンの台頭よりも少し早い時代に隆盛を極めたヴィオラ・ダ・ガンバなどのヴィオル属は、弓をアンダーハンドで持ち、強拍にはアップを用いる。アンダーハンドではその方が力をかけやすいからだと思うが、それは自分の身体の方へ腕を持ってくる動きであり、ヴァイオリン属とは大きく異なる。チェロとバス・ガンバは、楽器の抱え方や大きさ、音域が近いので似たような楽器と思われることがよくあるが、非常に性格の異なるものである。あまり大雑把な括り方をするのは危険とはいうものの、ヴァイオリン属の楽器が「動」的であるのに対し、ヴィオル属は総じて「静」的といえるだろう。実はチェロにも、モーツァルトの時代に至るまでアンダーハンドで弾く人はいたのだが、それが段々淘汰《とうた》されてしまったのは、やはりオーバーハンドがより能動的・活動的で、音量も動きも大きくできたからではないかと思う。

一八世紀の前半、フランスにはイタリアからの音楽文化が奏者と共に入ってきて、新しい趣味を喜ぶ人と眉をひそめる人に分かれ、至るところでフランス趣味 vs イタリア趣味という議論が巻き起こった。一七四〇年には「ヴィオル擁護論」という論文が出され、「ブフォン論争」と呼ばれる世紀半ばの騒動は、音楽家の就職なども含む社会問題にまで拡がった。それはしかし、本来非常に真剣な審美眼の論争、美学論争なのであり（就職口の争いという社会問題はあえて横に置くとして）、「美」が元になった激論というのは美しいともいえる。もちろん、本当の戦いや殺し合いになっては元も子もないが、「美の追求」という行為自体には、ケンカも辞さないだけのエネルギーがある。

一八世紀にも、ダウンとアップのどちらでも自由に弾けるようにしなければならないという考えはあった。もちろん音楽の脈絡によって、全ての場所に理想的な弓付けが出来るとは限らないからそういう訓練は必要なのだが、それでもなお、音楽と身体の動きはまだしっかり密着していたといえるだろう。実際、ハイドンやモーツァルト、ベートーヴェンなどのシンフォニーを演奏する際に、ボウイングをその音楽の起伏に合わせて付けることは、表現の第一歩ともいえる大切な作業である。
時が下って一九世紀以降、拍節感や小節線の存在が徐々になくなり、和声感が曖昧になって来ると、ダウンとアップの違いはないもの、あってはならないものとされるようになってきた。それは同時に、リュリのオーケストラで皆が不文律として了解していたような認識がなくなることでもある。たしかに、調性も小節線もなくなり、拍子も不均一な近現代の音楽では、ダウンだのアップだのとは言っていられないことも多い。それはそれで良いのだが、問題は、そういう音楽の後で再び一八世紀、一九世紀前半の音楽に戻ったときである。そこではやはり「郷に入っては郷に従え」、書かれない決まりを少しは分かっている方がうまく行く。

今ではハワイ旅行など近くて気軽で、とてもクイズの一等賞にはならないのかもしれないが、リハーサルにおけるアップダウン・クイズは幸か不幸か今も健在である。たかが弓、されど弓。どっち向きに動かすかが時には人生観を表すといえることさえあり、昔も今も、これから先も難しい。

episode 12

初見が常識……

通奏低音は基本的に初見の仕事である。いや、そう決まっているわけではないが、いろいろな事情からそうなることが多い。見くびっているわけではなくても、ヴァイオリンなど上声部の楽器が多くの音・難しい音型を弾いている間に、こちらは一小節に三、四個の重要な音符を弾くことが多い仕事であり、その重要性や弾き方を知っていなくてはならないとしても、それを練習する必要はあまりない。曲を知ること、内容を知ることと「バス・パート」を練習することとは別なのである。

特にカンタータではこの傾向が強く、リハーサルや録音など、長時間で内容も濃くずっしりと良い音楽をしたはずなのに指は殆ど動かしていないということも多く、終わった時には、アタマ・心の充実と退化したようにさえ感じる手先とのギャップに悩む。そこで休憩時間などには、少しでも指の感覚を取り戻しておきたいと無意識のうちに欲するのか、関係ない曲や音の多い曲、つまりヤカマシイ音をたくさん出すことになり、周りから迷惑がられるのだ。しかしそうでもしておかなければ、例えば一時間レチタティーヴォの録音をしたとしても、使う左指は一本だけということさえ起き、次に動かすときには困るに決まっているのである。

歴史的に見ても、昔の人々はそんなに長くリハーサルの時間は得られなかったと思わざるを得ない。バッハがカンタータを書いていた頃、おそらく一番忙しい時期には、月曜に作曲に取りかかり、水曜辺りに大体出来上がり、難しいソロ・パートから写譜、奏者の元へすぐ走って練習に入ってもらう、それ以外のパートはパート譜作り、金曜か土曜日に練習して日曜日に本番という感じだったそうだから、オーケストラは、基本的に一回見たら出来なければならない。古典派まで下ってきても、モーツァルトが（彼には信じられない話がたくさんあるものの）リンツに着いたのが一〇月末で、一一月の初めにあの《リンツ》交響曲が演奏されており、資料から見る限りでは四日で作曲されたことになるから、リハーサルの時間は殆どない。一八世紀にはすぐ弾けるように音楽が作られていた、ということだろうか。いつから音楽はこんなに難しくなってしまったのだろう……。

バッハの宗教作品にはコンティヌオ・アリアとでも呼ぶべきものがある。つまり通奏低音のラインが旋律的に美しくできていて、歌の前の導入や後奏も受け持ち、印象としてはオブリガートのような役目もしてしまうのである。そういうものは、簡単ではないがそれなりに楽しんで弾けるものでもあり、必死で練習するというのとはちょっと違う。

【譜例 1】教会カンタータ 150 番《主よ、私の魂はあなたを仰ぎ望み》BWV150　第 5 曲 アリアの通奏低音部分

　しかし、稀に「ムムム！　これはどうやって弾くのだ⁉……」という冷や汗ものに遭遇することがある。例えば、比較的初期に作曲された１５０番《主よ、私の魂はあなたを仰ぎ望み（*Nach dir, Herr, verlanget mich*）》というカンタータの途中に、四〇小節ほどの曲ではあるがアルト・テノール・バスの三重唱があり、低音にはこのような音型が最初から最後まで続いている。

　この譜例は四小節、この音型がいろいろに調性を変えながら一〇回続くのである【譜例1】。歌詞は、

Zedern müssen von den Winden　　杉の巨木も風に翻弄され
Oft viel Ungemach empfinden,　　しばしば多くの難儀をこうむり、
Oftmals werden sie verkehrt.　　くつがえされることがある。
Rat und Tat auf Gott gestellet,　　神においてなされた意見や行動は、
Achtet nicht, was widerbellet,　　激しい抵抗があっても、ものともしない。
Denn sein Wort ganz anders lehrt.　　神の御言葉の教えは特別だからである。

というもので、巨木が倒れるほどの風を表すのがこの忙しい低音というわけ

だ。したがって表現は激しくテンポも速くなければならない、と指揮者は言う。まあそれには同意するものの、これをチェンバロ・オルガンと共に速く弾くのは相当に難しい。鍵盤楽器同士は、跳躍するところや指の難しいところが基本的に同じだが、チェロは別の箇所が難しいこともあり、微妙に時間のかかる箇所が違うのである。また通奏低音が忙しく難しくても、その上に三声部が乗って歌えなければならず、ただ早く弾けただけでは役に立たない。

しかも、バッハ最初期のカンタータでは、教会のオルガンにオーケストラが合わせて弾いていたため、ピッチが４６５Hzと、現代の標準ピッチ４４２Hzよりさらに半音高い。ケーテン時代以降になるとオーケストラに合わせてオルガンの方が移調して弾くようになったのでピッチは大体４１５Hz、現在のピッチの半音下である（当時のヨーロッパには一般的にコーア・トーン（教会ピッチ）とカンマー・トーン（室内ピッチ）と呼ばれる二つのスタンダードがあった）。

現代のバロック音楽の演奏では、一種のスタンダードとしてこの４１５Hzで弾くことが多く、それに慣れた耳や楽器の状態から考えると４６５Hzは一全音高い。私も含めた古楽奏者の多くは音楽学校等、何らかの「モダン」経験を持っているので、４４０Hzから４４２Hzまでは対応できるが、それ以上になると全然慣れておらず、自分が何の音を弾いているのか分からなくなる。楽器のテンションも高く、指も弓も跳ね返される感じだ。その状態で、この忙しいバス・ラインを続けるのは容易《たやす》い話ではなく、カンタータの録音を始めてから最初に苦労した、記憶に残る一曲である。

【譜例2】《ヨハネ受難曲》BWV245 第2稿　第11曲　アリアの通奏低音部分

苦労した曲は他にも幾つかあるのだが、もう一つ印象に残っているのは《ヨハネ受難曲》の第二稿である【譜例2】。第一部最後のコラールの前、一般的に知られているバージョンならテノールのアリア〈*Ach, mein Sinn*〉が来るところだが、第二稿と呼ばれるバージョンではそこに、バスのアリアが書かれている。Fis moll（嬰ヘ短調）という弾きにくい調性、猛烈に激しい曲想で、通奏低音のパートも激しく動き回る。

これを録音・演奏したとき、通奏低音の面々は、こんな忙しい音型だから大人数では無理、多分鍵盤楽器とチェロだけだろうとタカをくくっていた。しかし録音当日になって指揮者が「いやいやあれは全員で！」と言ってきた（どうしてもっと早く言ってこないのか!?）。全員とは、オルガン、チェンバロ、チェロに加えてコントラバスとファゴット、通奏低音の全五人ということである。一人ひとりが弾くのも大変だが、これを全員で合わせてというのはかなり厳しい。各奏者がお互いの「ここがヤバい、ここが苦しい」というところを解り合いながら、何とかうまく響きがまとまるように、いわばコンチェルトのソロ・パートを何人も一緒に弾いているような感じで合わせてゆくのだ。しかも低音だけで完結するのではなく、バス・ソロの歌とオブリガートのフルート二本、コラールを歌うソプラノ三人とも合うように気を配っていなければならない。

以前書いたことがあるかもしれないが、通奏低音奏者というものは普通、上声部との経糸《たていと》で繋がっているものであり、通奏低音同士の横糸は、ないわけではないがあまり考えない。上がこう動いたらこちらはこう反応する、音楽全体もしくはフレーズの構造からいってここはこう来るのが当たり前という、極めて微妙かつ全体の構造に深く関わるイディオムを共有しているハズだからである。ここは待ちましょう、ここは軽くそっちは重く……と相談して楽譜に書き込む作業はあまりないし、そのヒマもない。だからそのイディオムが分からない人とは、正直なところ一緒に弾くことが出来ない。しかしこの曲のような状況では、横糸もしっかり感じながら弾かなければならない。

この録音の頃から、私達の間には「通奏低音組合」という呼び方が出来上がった。何をどうする組合かは……ご想像にお任せする。

episode 13 **Walking bass の針小棒大**

「『針小棒大』って知ってる？」と学生達に聞いてみると、意外に知らない人が多いのに驚く。まあたしかに、若者の日常会話には出てこないかもしれない。いずれにせよ、「針のように小さな事を棒のように大袈裟に言う」という意味のこの言葉は、一般的にはあまり良い意味では使われないが、音楽の世界ではけっこう重要である。そこではむしろ、「針のように小さな事にも棒ほどに大きな意味を見出す」、即ち「神（芸術）は細部に宿る」の短縮形と解したい。

普段、一九世紀後期から二〇世紀の音楽、例えばチャイコフスキーやブラームス、マーラー、R・シュトラウスやストラヴィンスキーといったものを多く弾いたり聴いたりしている人達にとって、一八世紀以前の音楽や楽譜、楽器等は、簡単に言えば物足りなく感じることだろう。「コガッキ」はあまり大きな音が出ないし状態も音程も不安定、楽譜には *f* や *p* その他のマークもあまり出てこず、どこを見ても大して変わらない。身体が共振しそうな大音響など期待できないし、違いもあまり聞こえない……。
もっと貶《けな》したい人もいるかもしれないし、或いはそのように思う人はもう減ってきているかもしれないが、これは殆ど全て、約四〇年前に私が感じていたことであった。チャイコフスキーは*f*を四つ、*p*を六つ書き込んだ人である。無論それは一つの意思表示と受け取れるのだが、極端な例を言えば《1812年序曲》のように、フルサイズのオーケストラのみならず銅鑼やベル、大砲まで使う曲を聞いた後にリュートやクラヴィコードを聴いたら、まず音自体が聞き取れないほどではなかろうか。私の耳も、当時は多くの事が聞こえなかった。というと今は聞こえているかのようだが。

さて、通奏低音を弾いていると時々、ずっと続く8分音符に遭遇する。コレッリやヘンデルなどバロック中期~後期に見られるものはよく知られていて、Walking bassと呼ばれることもある。たいていテンポはAndanteかLarghettoあたり、もちろんAllegroで8分音符というバスも数多くあるが、それはむしろRunning、この話題の範疇ではない。コレッリのコンチェルト・グロッソや《ラ・フォリア》の一部分、オクターヴの跳躍はあるもののあの有名な《G線上のアリア》、《ブランデンブルク協奏曲》第2番の緩徐楽章、《フルート・ソナタ》ホ短調の第3楽章……また時代を下っても、メンデルスゾーンの交響曲第4番《イタリア》の第2楽章等々、例は幾つでも挙げられる。

それらは大抵、何らかの意味で時を刻んでいるのである。時は止まらず、同じ瞬間は二度となく、決して戻れない。楽しいパーティの時間はあっという間に過ぎ去り、辛い数学の授業はなかなか終わらない。だから時を刻む低音には、どこか一種の非情さ、厳しさが伴うものである。そのような8分音符を弾き続けるのをツマラナイと思うか喜びを感じるか、これはもう、その人の性格がバス弾きに適しているかどうかによるとしか言えない。そして、その性格ではない人に上手な低音を期待するのは、正直にいえば無理である。

見た目は単調・単純極まりなく、どこも練習などする必要のないこの8分音符の連続を、何の過不足もなくちょうど「良く」弾くのは見た目ほど簡単ではないが、そのような低音を弾いているとき、通奏低音奏者は段々自分が弾いているのか何かに弾かされているのか、人間として動いているのか機械のように動かされているのかよく分からない、特殊で一種恍惚としたような感覚に入り込んでゆく。それこそはバス弾き冥利に尽きるというもの、いったん味をしめたらやめられない。

旋律に付き合うべきかもしれないが、半ば機械のようになっているので簡単には動けず、ある程度旋律を無視したようになる。しかしまったく機械的に弾いたのではメトロノームと同じで音楽にならない。ではどこで合わせてどこで無視するのか、どこは厳しくどこは優しく付き合うのか。それには、今まで他の章でも書いてきたような音楽上の「不文律」の理解が必要だ。

前章までの繰り返しになるが、一八世紀の音楽、或いはその流れを汲む一九世紀以降の音楽には、記号で表されない幾つかのルールがある。例えば一拍目は王の拍というように、同じ音価の音符でも小節の中の位置によって「身分」が違うこと。不協和音は協和音より強く、緊張から弛《し》緩《かん》へと「解決」する動きを中断させてはならないことなどである。実際この二つは、あるときは明らかに、ある時にはそれと分からぬほどに、しかし常に働いており、調性音楽全体の根幹を成しているといってもよい。そしてそれらはあまりにも当たり前のことなので、特に強調したいとき以外は何も記号が与えられていない。

時計の歯車のように8分音符を弾きながらも、実は様々なことを考えている。刻んでいるのが段々遅く、もしくは速くなっていないか、旋律の人は満足しているか、旋律が管楽器や歌手の場合にはどこでフレーズが終わりどこで息を継ぐか、継ぐのが聞こえるように一緒に空けるか、少し幅を拡げて聞こえないように隠すか、不協和音はどこに来てどこで解決するか、ここの和声はどうなっているか、どこが当たり前でどこが驚きか、音型の特徴はどうなっているか、順次進行(音階)か跳躍か、旋律はどこで先に行きどこで緩みたいか、それに付き合うか知らぬふりをするか……などと考えつつ、実際どれくらい8分音符のバスを変化させるのか、変えたと聞こえるように変えるのか気づかれぬ程度にするのか、バスのパートはクリアに聞こえているか、隠れていないか、邪魔をしていないか、硬すぎないか、いい加減になっていないか……さらに、この部屋は今湿気てきているのか乾燥しているのか、自分の楽器の調弦は狂ってきていないか、どの弦が高いか低いか、一緒に弾くオルガンやチェンバロはどうなっているか、その人達の弾き方と合っているか……と、なかなか忙しい。

時を刻むバスは、最終的には「動じないもの」と聞こえるべきだが、動じずに全て同じに弾いていたのでは必ずしもそう聞こえない。そこが低音の、或いは音楽の面白いところである。in tempo に、時を刻んでいるかのように聞こえることが目標なのであって、in tempo に弾くことがその最善の方法とは限らない。

バス・ラインの中で実際に調整するのは本当に指先の仕事、或いは何分の一秒というほど微かなものだと思うが、その理由付けは山ほどあり、さらにはそれを旋律奏者や通奏低音の同僚がどれくらい表現したいと思っているか、その音楽に対してどの程度が相応しいかなどということも考えに入れておくべきである。目の前の楽譜にはただ8分音符の羅列があるだけ、だからこそ心の中は「針小棒大」に、風がそよいでも涙がこぼれるぐらい敏感になっていなければならない。

何かときな臭い昨今、せめて音楽家はどこも同じに見える楽譜に大いなる違いを見出す姿勢を持っていたいものである。8分音符を何の違いも変哲もなく扱ってしまうのはファシズムの始まり、と言ったら言い過ぎだろうか。

episode 14

練習曲と大作曲家

ピアノを少し習った人なら、或いは習った人が近くにいたなら、たいていバイエルやチェルニーといった名前をご存知だろう。楽器を始める第一歩として、少なくとも日本では、幼い年から始める子供の殆どがこの辺りの教本を学ぶ。同様に、どの楽器にもそれ専門の練習曲がある。チェロならドッツァウア、ヴェルナー、シュレーダーなどが「基礎編」として知られ、その後デュポール、ピアッティ、フランコーム、ポッパー等々と続いていくが、どの名前も、チェロを弾く人（とその家族）以外には余り縁がない。音楽学校に入ってからでさえ、「それ誰？」と言われた記憶がある。ヴァイオリンでも、パガニーニの《24のカプリス》はつとに有名だが、カイザー、クロイツァー、ローデなどはあまり一般的ではないだろう。ドントというのもある(don't, can't, shouldn't……ではない)。子供の頃からの宿題、また本の名前としてしか認識されていない彼らはしかし、演奏家として私達の先輩なのであり、大作曲家や有名な作品と関係していることも多いのである。

辛くてつまらない練習の代名詞のように言われるカール・チェルニーはモーツァルトの没年と同じ一七九一年に生まれた（一八五七年没）。神童として名を馳《は》せ、ベートーヴェンの直弟子であった。毎日八時間教えていてなお一〇〇〇曲以上も作曲し、パトロンの望みに応じて、師ベートーヴェンの全作品をいつでも暗譜で弾けたと言われるスーパーマンだった（さすがに女性に出会う時間はなかったようで、生涯独身であった）。彼が書いた『ベートーヴェン　全ピアノ作品の正しい奏法』は、各曲についてベートーヴェンが何を言ったかを記録してあるもので、役立つ文献である。

現代のチェロ・テクニックの礎を築いたのはカザルスと思われていることが多いが、実はそのずっと前のデュポール（Jean-Louis Duport, 1749–1819）である。彼の練習曲や指遣いのシステムは今も基礎として用いられており、これまた「つまらないけれど勉強しなければならないもの」の代表格のように思われている。しかし彼がいなければ（そしてフリードリヒ＝ヴィルヘルム2世がチェロを弾かなかったなら）、ベートーヴェンはチェロ・ソナタ op.5 と変奏曲を書かなかっただろうし、ということは、「二重奏ソナタ」というジャンルの出現が遅れたか、或いは変わったことだろう。op.5 の初演はフリードリヒ＝ヴィルヘルム2世の御前演奏で、おそらく弟の方のデュポール、ジャン・ルイとベートーヴェン自身のピアノによるものであった。

オーギュスト・フランコーム（Auguste Franchomme, 1808–1884　フランク・オム＝自由な人という意味の名前だからフランショームではないと聞いたのだが、フランスの名前はフランス人にとっても難しいらしい）はショパンの親友であった。ピアノ曲以外殆ど何も作曲しなかったショパンがチェロ作品を残しているのは、偏《ひとえ》にこのフランコームの存在によるものである。《グランド・デュオ》は二人の共作で、自筆譜もチェロ・パートとピアノ・パートで筆跡が違う。ト短調のソナタ op.65は、既に体調を崩していたショパンと彼により、第1楽章を除いて初演された。フランコームも練習曲や小品を数多く書いているが、それらはなかなか独特な節回しとテクニックを必要とする。

特に日本のチェロを学ぶ子供達にとって、重荷の筆頭格かもしれないのがドッツァウア（Justus Johann Friedrich Dotzauer, 1783–1860）だろう。『１１３の練習曲』という四巻からなる練習曲集があって、子供の頃嫌いだったという人がたくさんいる。しかしドッツァウアは優れた教育者であり、ユーモアのセンスもあったと思わせる作品がいろいろある。彼はそんな分厚い練習曲集を作曲したのではなく（しかも１１３などという奇妙な数字のはずがない！）、《6曲の簡単なエチュード》《12曲の練習曲》《24のカプリス》等、様々な方向性と難易度を持った曲をうまく集めた薄い本を出版していたのである。しかし、彼の弟子であったクリンゲンベルクは、それらを集めて難易度に従って順に並べ、大部の曲集にしてしまった。そのお陰で、子供の前には大きな課題の山ができてしまったのである。親の心子知らず、師の心弟子知らず……。

一五歳でデビューしドレスデンで活躍したドッツァウアが、ドレスデン歌劇場の楽長であったヴェーバーのオペラに出てくるチェロ・ソロをどんなふうに弾いていたのだろう、などと考えるのは楽しくないだろうか？　実際彼の作品には様々なオペラから題材を採ったものが幾つもある。また彼は、J・S・バッハの弟子キッテルのそのまた弟子、リュッティンガーというオルガニストに作曲を学んだことから、バッハの作品を早くから知っていたと思われ、エチュードの和声もバッハ的或いはバロック的で、バッハの《無伴奏チェロ組曲》の簡略版のような曲もある。《無伴奏チェロ組曲》は、不肖私も含め、現代に至るまでに四十数人ものチェリストが監修しているが、その皮切りはドッツァウアで、パリの初版（Janet et Cotel）の二年後、一八二六年のことであった。

練習曲にはもちろん、レベルに応じて基礎的なものから高度なものへ、また左手中心、右手中心、その他練習の目的が明らかなものも多いが、ちょっと見方を変えれば現在の録音にも少々似て、彼らの演奏法を記録したようなものとも言えるし、彼らが何を気にしていたのかが分かるともいえる。個人個人の特徴もさることながら、時代や国による違いや性格も視野に入れると、エチュードもまた読み方が変わってきて楽しいものである。

デュポールは前述の通りモーツァルトと同世代の古典派、規則正しい（或いは規則が好きな）フランス人、現代チェロ奏法の基礎である教則本（一八〇六年）も出版したほどの人であり、有名な二一曲のエチュードはその本の最後に収められている。いっぽうピアッティ（Alfredo Piatti, 1822–1901）は自由奔放なイタリア人、一八二二年生まれのロマン派だ。一二曲のカプリスは難しいけれど、和声が豊かで楽しく自由な作品であり、ただきっちり弾くだけでは味気ない。イン・テンポのイタリア・オペラなど想像もできないではないか。ちなみにピアッティはヨアヒムがロンドンでクァルテットをするときのチェリストで、ブラームスの弦楽六重奏曲のイギリス初演では第2チェロを受け持っており、終生エンドピンを用いず、ヴィブラートも殆どかけなかったことで知られている。ポッパー（David Popper, 1843–1913）はヴァーグナーを大いに尊敬していた人であり、四〇曲のエチュードにも、ドッツァウアとは全く違った意味でオペラを彷彿とさせる面がある。前述のフランコームはやはり、ショパンを弾くつもりで楽譜を見てみるとエチュードも納得がいくし、また彼のエチュードを弾いてからショパンを弾くと共通言語のようなものを感じることができる。

演奏家の多くは大作曲家の陰にいるが、作曲者と演奏者が同一人物であることも含め、演奏者無しに作品は生まれない。かのモーツァルトでさえ、自分が弾いたピアノやヴァイオリンは別として、シュタードラーがいなければクラリネット作品は生まれなかっただろうし、ロイトゲープがいたからホルン協奏曲が出来、アントン・クラフトに出会ってから弦楽四重奏曲のチェロ・パートは俄《にわか》に難しくなる。クラフトはハイドンの友人で、ニ長調のコンチェルトはクラフトのために書かれたし、ハイドンのハ長調協奏曲はヨーゼフ・ヴァイグルという達者な若者がいたから書かれた。ドッツァウアを弾くときにはヴェーバー、ロムベルクはベートーヴェン（たしかに、ソナタの初演はデュポールとであったが、彼の作品からベートーヴェンは全く連想できない。ロムベルクにはその影響が感じられる）、フランコームはショパン、ポッパーはヴァーグナー……

というふうに、大作曲家の作品や雰囲気を考えて弾けば、数多くの練習曲もまた楽しくなり得るし、ホンモノの大作曲家の作品を弾くときには役立つはずだ。

残念なことに近頃は、面倒な練習曲など知らなくてもホンモノが弾ければそれでよいと考える向きも多いようで、若い学生でもエチュードを知らない人が非常に多い。ということは、それを根気よく教える人が少ないということだ。しかしそれでは、歴史上の大先輩方が「このテクニックはね、こうやって練習するといいよ」と言ってくれている親切な仕事を知ることが出来ないし、表現の様々な方法を一つずつ積み重ねていくことが出来ない。さらには、自分の演奏技術に問題が生じたときにどう修正すればよいのか分からないし、末には自分が教える側に回ったとき、何をどう教えたら良いのか見当が付かなくなる。基礎練習、音階やエチュードを教えたがらない教師ははっきり言って怠慢であり、音楽芸術がよい状態で次世代へと受け継がれてゆくのを妨げていると言わざるを得ない。いきなり何でも弾けてしまう天才は別として、基礎の段階的な過程を経ずに偉大な芸術作品を楽器の技術習得に使うのは、松阪牛や大トロで包丁の使い方を学ぼうとするようなものだ。勿体《もったい》ないことこの上なく、少し弾けるようになった頃にはもうその曲にも、その感動にも飽きてしまっている。

さて、では通奏低音を弾くチェロにはそれ用のエチュードがあるのかというと、まあ全くないわけではないものの無いに等しい。現在確認されている限りにおいて、最初に出版されたチェロのメソードはミシェル・コレット（Michel Corrette, 1707–1795）が一七四一年にパリで出版したものだが、これはチェロのメソードであって通奏低音のためではなく、しかもコレットは理論家であってチェリストではない。少しくだって一七七四年にデン・ハーグで出版されたバウムガルトナー（Johann Baumgartner, 1723–1782）の教則本には、チェロの演奏の仕方と共にレチタティーヴォの弾き方、つまり数字付きの低音を見てそれをチェロで弾く方法が書かれており、一八〇二年にロンドンで出版されたガン（John Gunn, c.1765–c.1824）は、数字付き低音や和声を把握し、チェロで実践する方法に多くのページを割いている。だから、場合によってはオペラなどでチェロのみのレチタティーヴォというのも不可能ではないし、ソナタの通奏低音などでも、それが音楽的に相応しいならチェロだけで弾き、バス・ラインのみならず和声を加えることもある程度はできる。

余談だが、ラ・プティット・バンドで弾いていた頃モスクワへの演奏旅行があった。演目は演奏会形式の《フィガロの結婚》だったが、出始めからケチがついた。スザンナ役のソプラノが出発前日にキャンセルしたのだ。歌劇場付きでアンダー（代役）の歌手が控えている状況なら直前のキャンセルもあり得なくはないが、古楽の団体は事情が違うし、ましてやロシアに行くのに、である。指揮者のシギスヴァルトはイタリア語で歌える歌手をモスクワで見つけるのに大苦労した。

その歌手と一刻も早く打合せをしなければならないこともあり、シギスヴァルト夫婦とチェンバロ奏者は空港から一足先に出た。それは良かったのだが、そのためにバスを一台使ってしまい、二時間以上もかかって税関を通ったメンバーは、残ったバス一台に、全員の荷物と楽器、コントラバス三台とティンパニ等と共に詰め込まなければならなかった。

会場に着いてみると既にお客さんが建物の外で待っている。その中を会釈しながら入っていくと、大変な事態が待ち受けていた。シギスヴァルトとチェンバロ奏者が着いたとき、どういうわけかチェンバロの代わりにハープが、しかも四台も用意されていて、好きに選べという（ちなみに、ロシア人から聞いたが、ハープとハープシコードを間違えることはロシア語ではあり得ないらしい。それらのロシア語をカタカナで書くなら、前者は「アルパ」、後者は「クラヴェシン」）。居並ぶハープの他には地下の廊下の隅に小さなスピネットが一台あるだけ、しかもピッチは違うし全く調律されていない。そしてコンサートは約四〇分後という状況である。初めてロシアへ足を踏み入れた若いチェンバロ奏者はもちろんハープを弾けないし、当然のことながらそのひどい状態のスピネットを弾くことを拒否したので、何もすることがなくなってしまった。そこで、レチタティーヴォは片っ端から本当にチェロ一本で弾くことになってしまった。たしかにそういう文献はあるし一人で弾く通奏低音の経験がなかったわけではないが、オペラのレチタティーヴォを弾くのはチェンバロと一緒でも簡単ではない。アタマの中は大忙し、チェンバロ奏者は袖からそれを見て大笑いしていた。

終演後、やれやれ何とか終わったと外を歩いていたら、品の良い初老の男性が近づいてきてフランス語で話しかけてきた（著名なピアニストのリュビモフ氏だとあとで判った）。幸い私にも分かる程度だった。ロシア人の年配層は外国人と話すときにはフランス語になる。その背景にある社会情勢はともかく、そのこと自体はどこか素敵であった。

「モーツァルトのオペラのレチタティーヴォを、チェロだけで弾くのは初めて聴いた」

「私もです」

「それは普通なのか？」

「いえいえ全然!!」

本当はもっと「とんでもない！　こんなハズじゃなかったんだ、いくら歴史的にそういうことがあったといってもそんな突然、しかもモーツァルトであり得ないでしょう！」云々、たくさん言いたいところであったが、その時間も、すぐに思い出せる語彙《ごい》もなかった。というわけで、そんなハプニングが起きたこと自体は大問題だが、普段「チェロだけでも可能なんだよ」と言っているのを無理矢理実証する貴重な体験ではあった。

この数字はどういう和音、自分が弾いているのは和音の第何音、何拍目で上声部は何をしていて……と楽譜を見て考え、そのように楽器を弾く練習はある程度できるだろう。しかし、エチュードや音階でチェロを学ぶのとは違って、通奏低音を一人で学ぼうというのは基本的には無理な相談だ。低音はあくまで上声部があってのもの、相手無しに相撲は出来ない。

というわけで、上声部の楽器を弾く方々には、どうぞいつも鍵盤楽器と共にチェロを雇って下さることをお願いしたい。能力があっても楽器があっても、経験無しに通奏低音は上手になれない。

第Ⅱ部

通奏低音弾き、シャンソンを弾く

シャンソンと通奏低音

それはあの日、あの階段から始まった。

一九七九年のいつだったか、残念ながら正確に思い出せない。秋のある日、学校の二階から談笑しつつ降りてくる女性の足音が階段に響いてきた。それはピアニストの岩崎淑《しゅく》先生と学生二、三人で、彼女は私を見つけると、意外にも親しげに話しかけられた。たしかに彼女はチェリスト岩崎洸《こう》氏の姉上であり、私がチェロの学生であることもご存知だったのだろうが、こちらはそんなに親しく話せるほどの面識はないし、何といっても有名な音楽家なので少々どぎまぎした。

「あなた、今度沖縄で室内楽のキャンプ始めるのよ。素晴らしいところよ。是非いらっしゃいよ！」と、またそのあまりにフランクで単刀直入な感じにもびっくりしたものだ。

その頃の私は、バロックという新しいものに取り憑かれたようになっていた。振り返って考えれば、若者にありがちな「世の中こんなに間違っている！」といった過激思想も少なからず入っていただろう。要らない、不必要だ、間違っていると叫んでいたコンクールを受けることにしたのも、「バロックなんてどうせまともに弾けない人や懐古趣味の変人がやるものさ」という周り中の偏見をはね除けるためだったし、学校では毎日のように、楽器や楽譜や演奏の仕方についてケンカのような議論をしていた。何人も新しい友人が出来、何人も失った。

虫と言われるほど室内楽が好きだった私は、二十歳前後には七つ同時に、その後も常時三つや四つのグループを組んでいて、朝七時から夜一〇時まで学校にいた。一緒に弾いた仲間には今世界で活躍している優れた人達が何人も含まれており、本当に素晴らしく有難い経験をしたものだが、それだけに意見交換も激しかった。

それでなくても一挙手一投足について敏感に反応するクァルテットやクインテットなどにおいて、「古楽」という考え方や弾き方は突然降ってきた災難のようなものだったろう。いや、降ってきた災難と思われたのはむしろ教師の面々かもしれない。それまでおとなしく問題なく、先生の言うとおり弾いていた学生が突然、「それはどうしてですか?」「当時の本には……」などと質問を始め、或いは想像もしないような弾き方を始めたのだから。

あるとき、そんな仲間の一人と、音の扱いやヴィブラートの是非についてトンカツ屋で議論しつつ飯を食っていたのだが、何杯ご飯のお代わりをしたか分からぬほど話が白熱していた。そこへ店の主人が「あのぅ、四杯目からお金いただくんですけど……」と言われて、話に水を差されたように腹立たしく思ったこと、そして少なくともその四杯目を食べたことは覚えている。議論の方は……多分平行線だったと思う。少なくともその話し相手は古楽奏者になっていない。

チェリストとして室内楽が弾きたいと強く思うのと同時に指揮者にもなりたいと思っていたのだが、その頃、指揮法云々と古楽の考え方は全く相容れないものとしてしか映らず、大学四年の時にいったん横に置くことにした。「とりあえず手は動くようにしていただいたし、オーケストラについても少し覚えた。これはきっといつか役に立つだろう。でも今これは出来ない」と身を切る思いの決心をしたことを今もはっきり覚えている。その頃学んだことは今本当に役立っているので、一応この決心は正しかったということにしておこう。

その頃の学校内外には、レベルは高低様々でも、一種の美学論争が巻き起こっていたのだ。美とは何か、何を目指して演奏するのか、良い演奏、良い音とは何か等々、それまで大して疑いもせずにいたことが突然あやふやになり、この先生の言うことは信じられるのか、こちらの先生はどうか、この弾き方はどうなのか、あの人はなぜここをこう弾くのか、この楽譜は……と思うようになった。それは、良くいえば批判精神が出来てきたということであり、悪く言えば、そして実のところはまったく疑り深く、疑心暗鬼の状態でもあった。それまで感情の表現とは正しいことと思っていたのに、古楽畑の人から「じゃあ自分の気分によって表現が変わるのか、それで無責任だと思わないのか」と問われるとすぐには答えられず、奏者自身の感情と楽曲に盛り込まれた情感の違いもはっきりとは分からず、どう考え、どう弾くべきなのかと迷いに迷っていたのであった。

そんな時期だったから、岩崎淑先生の、この上なく気軽で親しげなお誘いにも当惑してしまい、すぐ答えることが出来なかった。そこで先生に二日下さいとお願いしたところ、「分かったわ。でもきっとお電話頂戴ね」と言われた。不思議なことに、その時の会話は今も耳に残っている。あの時、すぐに返事しろと言われたり、そんな不決断な事ではダメだと言われたりしたとしたら、今から書くことは何も起こらなかったし、その後の自分は随分変わっていただろう。

三日間悩んだその晩、学校の角の向かい側にあった公衆電話から参加する決心をお伝えした。その時も先生の声は明るく、喜んで受け入れて下さった。幸いなことに、先生は私を半分受講生、半分演奏員という立場にして下さり、さらにその直前に那覇のオーケストラで弾く仕事も手配して下さった。そうでなければ私は経済的に参加出来なかった。

沖縄の恩納村《おんな》、ムーンビーチ。初めてそこへ行ったとき、世の中にこんな素敵な場所があるのかとただただ驚いた。真ん中で広角にやや折れ曲がり、広く左右に伸びた建物が海岸に沿って建ち、各部屋のヴェランダから海岸が一望できる。中心辺りにあるロビーには立派な熱帯の植物があって、まるで植物園のようであった。全員そこに宿泊して各部屋でレッスンや練習、コンサートは食堂で、パーティは別の広間で、というふうに全てがそこで行われる。部屋から部屋へ移動すること以外時間のロスはなく、何とも素晴らしくまとまっていた。その後何年にもわたって素晴らしい演奏の数々が繰り広げられることになるステージが食堂に作られたが、岩崎洸氏自身が脚立を上って、コンサート用の電灯を取り付けておられた。まさに手作り、若造の自分には殆ど何も苦労は見えなかったが、ご姉弟は、しっかりした音楽祭にするべく、全ての面で奮闘されていたことであろう。

レッスンの合間、食事の後など空いたときにはもちろん、いつでも人を招いている海岸が目の前にある。ある夜、受講生など数人と一緒に、砂浜から磯になった辺りを歩いて、水たまりのようになったところにいるヒトデやカニ、小さなタコなどを見たり、ナマコを棒で突っついたりして歩いた。夜の海は昼と全く違った顔を見せて、どこか艶《なま》めかしい。しかし小さな磯の水たまりの中は、多くの生物がいてなかなか賑やかなのだ。後から知ったのだが、一緒にいろいろ喋っていた長いヒゲの方は、業界でよくよく知られた共同通信の名物記者だった。その後彼とは何度か出会うことになった。

ムーン・ビーチ・キャンプのレッスンは、受講生と講師が混ざって室内楽を組み、一緒に弾きながら教わってゆくという形式だった。そしてその中から幾つかのグループがコンサートに出演する。私が組んだものの中に弦楽四重奏があり、そこには田中千香士氏とヴィオラのミルトン・トーマス氏がいた。もう一人のヴァイオリンは、今に至るまで何十年も仕事を共にしている高田あずみさんで、シューベルトの《死と乙女》に取り組むことになった。

今や知る人もあまりいないかもしれないが、ミルトン・トーマスはカザルスとの共演もあり、その当時でも既に「歴史的」と思うほどの人で、一緒に弾くなどというのは信じられないことであった。しかしその彼、とにかく非常に気さくなのはいいが猛烈な西海岸訛《なま》りで、英語をよくする人でさえよく分からないことがしばしばだったから、義務教育以外に殆ど何も英語の素地がない私に理解できることは実に僅かだった。しかしそのうち、猛烈な早口のお喋りの中には少なからず下《しも》がかったジョークが混じっており、年中女性のことを話しているのが段々判ってきて、大いに想像力を働かせることでかなりのコミュニケーションが取れるようになった。その詳細は……彼の名誉も考え、敢えて記さないことにする。

リハーサルでは、本当はフランス語の人のはずだった千香士さんが時々訳してくれていたが、「ここはヴィオラがとてもよく鳴るところだから、チェロはもっと弾いてくれないとバランスが取れないってオッサンが言ってるよ」などという感じだ。こちらが遠慮するならともかく、チェロが一生懸命弾かないとバランスが取れないヴィオラ、そんなことがあるのかと本当に驚いたものだ。もっとも、腕もさることながら彼が使っていたのはM・ゴッフリラーという一七世紀末の名器で、若造の私などがいくら弾いても敵うべくもない。いやはや実に深く、味のある音がしていたし、彼にはSPレコード時代の巨匠達が持っているような独特の歌い回しがあって、それが何ともいえずカッコよかった。

《死と乙女》と、その昔の楽譜（Peters 版）をご存知の方なら、その最終楽章の難しさ、それも第1ヴァイオリンの譜めくりの難しさをお分かりであろう。弾くのも簡単ではないが、めくるのが忙しい。しかも休止符を数えにくく合わせるのが難しい所に、ほんの2拍ほどでめくらなければならない箇所があったのだ。そこで千香士さんは本番当日の朝、ステージ・リハーサルに特製の楽譜を持って来た。前の晩に苦労して作ったのだという。「フフフ、これでバッチリよ〜」とほくそ笑んで譜面台に置いた楽譜は、右に左に、さらに上と下にも開くようになっており、一番忙しい件《くだん》の箇所には、さっとめくるための取っ手まで付けてあった。よし！　やってみようと冒頭から通していき、さて終楽章の件の箇所で、パッと電光石火で彼がめくった楽譜は、上下左右に垂れ下がった重みに耐えられず、バサ〜ッと落ちてしまった。それを見たミルトンのしかめ面もなかなかのものであったが、がっかりした千香士さんはその午後、ずっと部屋にこもりきってしまった。きっとコピーやテープで工作を続けておられたのだろう、夜の本番には、譜面台二つの上にずらーっと続く楽譜が現れた。落ちる心配はなかったが、最終楽章の件の部分はあまりうまくいかなかった。終演後にバーで喋っていたら「あんまり横長になっちゃったからさぁ、端っこが遠くてよく見えなかったんだよ」などと言われた。若者のこちらとしては、テレビで見るヴァイオリニスト、あの有名人がそんなことをしているのを見て、とにかく可笑しくて仕方がなかった。

ある晩には、もう夜中の一二時半も少し回った頃部屋に電話がかかってきて、「ねぇ、クァルテット弾かない？」というのである。はい、今すぐ!! と彼の部屋に馳せ参じて、そんな時間から楽しんだ（？）のはラヴェルのクァルテットだった。シューベルトではそうやって譜めくりに失敗したり、ブラームスのクインテットでは、気がついたら1オクターヴ下を弾いていて「だって高いところ難しいんだもん」と言ったり（その方がよほど難しい！）、可笑しいところだらけの千香士さんだったが、ラヴェルはもう端から端まで熟知しておられ、テンポが速くて難しい五拍子の最終楽章も、全てのパートに適切な合図をくれるので弾きやすいことこの上ない。弾き終わって呆然としたのを今も思い出す。彼の、透明感があってちょっと口笛のようにさえ聞こえる音色は、特にフランスものに似合った。その二年後ぐらいであったか、詳細は思い出せないが彼が弾いたミヨーの作品は、まるで彼のために書かれたのかと思うほど自家薬籠中の趣だった。

そんなわけで千香士さんにはいろいろと面倒を見ていただいたが、チェリストである岩崎洸氏にもまた、大いにお世話になった。彼がなんとも易々と楽器を弾き、とにかく楽しんで弾いている雰囲気はとても新鮮で、どうしてももっと教えを受けたくなった。そこでそれからしばらく経った八二年、私は一夏をアメリカの岩崎宅にお邪魔し、チェロと、地下室にあったビリヤードとを大いに勉強することとなった。また、彼に紹介していただいた東京のある楽器屋は、七九年の暮れ、キャンプの帰りに立ち寄って以来今もまだ付き合いが続いている。

昼も夜も、周りの環境も雰囲気も音楽も、食事も人との出会いも、全てにおいて幾多の思い出を作ったこの沖縄のミュージック・キャンプには、その後八三年の一二月まで五回続けて行ったのだが、その間にいったいどれほどの素晴らしい演奏を聴いたことだろうか。ギドン・クレーメル、キム・カシカシアン、リッカルド・ブレンゴラ、ピーナ・カルミレッリといった人達の演奏も、その食堂に作られたステージで聴いた。あるときはクレーメル、キムと洸さんが弾くシューベルトのトリオのリハーサルを同じ部屋で見学したことがあり、それは今も耳の底に覚えている「宝物」の一つである。

しかしキャンプの初回は何と言っても一番強烈な印象を受けたのであり、八〇年の正月、私はまだその後味に浸って、ことさら気持ちよく酒を飲んでいたはずだ。まだ松の内のある朝、電話がかかってきて「もしもし、田中です」という。ん？　田中って誰だったか……。あっ！　千香士さんだと判るのに一瞬時間が要った。理由は正月ボケの他いろいろ、そんな先生から電話がかかると思ってもいなかったこと、大体うちはスズキであちらはタナカ、どちらも殆ど名前の用を為さない平凡な名前であり……しかしたしかにあの、低くて人なつっこい声だった。驚きつつ緊張して聞いていたら「仕事の話ね」と続く。

「二月に上野の文化会館ね」

「はい！」

「それから八月にね、フランス」

「……は？」

「フランス。君、フランス知らないの？」

「いやあの、知ってます。はい！」

大変失礼な話であり未だに何故か解らないのだが、千香士さんの声でフランスと聞いたとき、咄嗟《とっさ》に頭に浮かんだのは「浅草フランス座」「井上ひさし」だったのだ。頭の中で「ん？　あれってストリップ小屋とかいう話じゃなかったっけ？　浅草で弾くのかな」などとバカな考えが目まぐるしく浮かんできて、返答に窮したのである。沖縄ではいつも、彼から話を聞いては笑っていたので、何か笑い話をするのではないかと期待するクセがついていたのかもしれない。

よく聞いてみれば、二月も八月も、長らく東京藝術大学で教鞭を執られた浅妻文樹先生が教え子を集めて作られた「東京アカデミカー・アンサンブル」という弦楽オーケストラのトラ（エキストラ）・トップとして、まずは東京での演奏会、そして彼らが数年に一度行うヨーロッパ旅行に一緒に行くという嬉しい話であった。フランス国内二五日間でコンサートが一二回、全てをバスで回るという。今思えば、あれを企画し旅程を作った人は大した腕前だったろう。一九八〇年の夏、それが私の最初の日本脱出となった。大規模な旅行だから思い出がいろいろあるのは当然のことだが、そこにはとんでもない驚きのオマケも付いてきたのである。

その頃の私は英語も殆ど喋れず、フランス語など「ボンジュール」「メルスィ」のみという感じで、今考えれば、弾く以外能のない、最もどうしようもない手合いの一人だった。他の人はもっと喋れたかもしれないが、音楽家と言っても日本人団体の海外旅行、やはりツアー・コンダクターは必要で、中村敬子さんという人が同行されることになった。細身の長身、長い紐《ひも》で小さな財布のようなものをたすき掛けにし、あっけらかんとしていて、こう言っては失礼だがポパイに出てくるオリーヴそっくり……という感じの女性である。この人は何が出来るのか、どういう仕事の人なのか。最初は旅行社の人か何かかと思っていたが、それは旅をしているうちに段々解ってくることになる。

エール・フランスの乗務員等がよそよそしくて冷たい感じという評判は今もよく聞くが、既にその頃しっかり確立されていたようだ。まだ直行便はなく、アンカレッジ経由、約一七時間の旅であった。日本国外で最初に泊まったのは何とパリのグランド・ホテル、中心も中心、オペラ座のすぐ隣にあって、内装はオペラ座と同じ人が作った（おそらく一部分を）という由緒正しいホテルである。今でも覚えている2320号室。「*vingt-trois vingt*（ヴァントロワ・ヴァン）って言うのよ」、と敬子さんに教えられた。まずはドアの大きさに驚き、ドアの真ん中にノブが付いていることに、部屋やベッドの大きさに、日本のビジネスホテル一部屋よりまだ広いバス・ルームに……ヨーロッパでの初日は驚きの連続、まるでガリヴァー旅行記のようなものだった。

二日間ほどは何となくメンバーの人にくっついて、日本語メニューが外に出ているようなツーリスト向けレストランで食べていたのだが、三日目の昼だったたか、たまたま敬子さんにロビーで出会い、昼飯に連れ出してもらった。ツーリストなど誰もおらず、学生や労働者風の人で溢れる街角の店だったが、何を食べたのか思い出せない。何にしてもツーリスト向けよりはるかに美味しく面白いことは確かで、その晩また別の店に連れて行ってもらい、そこで初めてラム肉（シャンピニオン・クリームソース）を味わった。場所ははっきり覚えていないがあまりよろしくない地域だったようで、街娼が立っているのを初めて見た。その頃の日本では、いや、少なくとも大学を出たばかりの者の知識では、羊といえばジンギスカンの、臭くて固いマトンのことという感じだったが、このラムは驚く美味しさであった。そのツアーの間に覚えた美味はいったいどれだけあっただろう……初海外がフランスで本当によかった!!

ツアーの詳細は省くが、パリから始まって一路南へ、グルノーブル、モナコを経て隣町マントン（「アゴ」という意味の街）、その後順序ははっきり覚えていないが、エクス・アン・プロヴァンス、ペリグー、クレルモン・フェラン、ヴァランス等々を回った。これでは一二回には足りないからまだ他にも行ったはずだ。グルノーブルでは、中学生の頃レッスンを受けたことがあるレイヌ・フラショー先生とハイドンのニ長調協奏曲を共演した。嬉しいことに覚えていて下さり、本番直前の舞台裏で「ロストロポーヴィチの指の練習ね」といってややこしい重音の練習をイタズラっぽく教えてくれた。それは今も役立っている。モナコには文字通りお金持ちしかいないのだろう、とにかく路上駐車している車がどれもこれもびっくりするような高級車だった。しかしそれらが邪魔でバスが通れず、みんなで持ち上げて移動したこともあった。持ち主が現れていたらどんな騒ぎになったことだろう！

マントンには有名な、それこそロストロポーヴィチなどスーパー・クラスの演奏家も来るという夏のフェスティヴァルがあり、私達の公演のその一つであったらしいが、ステージはなんと街の真ん中、教会前の広場に作られた仮設ステージだった。周りが四角く建物で囲まれた広場の音響はなかなか素晴らしく、広場の半分ぐらいに客席が設えてある。コンサートは順調に進んでいたのだが、最後の曲、あれはニールセンだったような気がするが、最後の方で私は、ふと目の端に黒いものが飛ぶのを見た気がした。「ん？　カラス？」と思った瞬間、自分のすぐ後ろにゴン！と何かが落ちる音がした。弾きながらちらっと見ると、なんとトマトが落ちている。とっさに状況が把握できなかったが、とにかく弾くのも忙しい。まさか⁉と思っていたら第二弾が来て、これはすぐ後ろにいたコントラバスの横板に当たった。客席にも気がついた人がいて少々ざわめいたが、その向こうを見ると、広場の向こう側、教会の対面にあるアパルトマンの五階辺りに、窓が開いて中が薄暗い部屋がある。どうやら誰かがそこから投げたようだ。誰を狙ったか、日本人だからか、そこに住んでいて音楽なんてうるさいと思ったか、結局犯人は判らずじまいで何も明らかにならなかったが、とにかく「なんてこった‼」という憤慨のうちに最後の曲が終わった。拍手は止まなかったが、私達は憤懣やるかたなく、アンコールなんてとんでもない、もう一度飛んでこないという保証もないのに！とプンプンしていた。しかしリーダーの浅妻先生は「まぁまぁ、落ち着いて」と結局反対を押し切り、アンコールに出た。何を弾いたか全く覚えていないのだが、これは後から考えれば温和で正しい判断だった（世界がずっと物騒になった昨今ではどうか分からないが)。私達はとても温かい拍手をもらい、終演後道ですれ違った聴衆のカップルからは、感謝と労《ねぎら》いの言葉ももらった。彼らは、クレイジーなヤツが街にいてごめんなさいねと、こちらの気分を慮《おもんぱか》ってくれた。しかしまあ、「そんなヘタクソに弾いていたらトマトが飛んでくるぞ!」などと冗談でいうことはあるが、本当に飛んで来るというのは稀有な経験である。なお、そのグループで共演していた人々の名誉のためにも言っておくと、演奏は決して拙いものではなかった。少なくともトマトを食らうほどには!

時間が少し戻るが、パリで一週間ほど経った頃であったか、長距離移動の始まる前で公演のない、休みの日があった。何をしようかと思っていたら、敬子さんが「コラさんのインタヴューに行くけど付いてくるかい?」という。よく聞けば、彼女の本業は旅行の添乗などではなく、シャンソンなどのアーチストのプロモーターだという。コラ・ヴォケール、それまで一度も聞いたことのない名前だったが、いくら弾く以外能のない音大上がりでも、《枯葉》ぐらいは知っている。もっとも、知っていたのは誰か日本人が歌ったものの可能性が高い。とはいえ私の理解は、「それを有名にした人? でもシャンソンなんて、どうせ夜のバーとかで妖しく艶めかしく歌うもの、惚れたはれたの演歌みたいなもんでしょう? そんな偉そうなものなのかね……⁇」という程度の、甚だ無礼に見下げたものであった。実際、私はいわゆるクラシック音楽以外、殆ど何も知らずに育ち、知らないままでいたし、あまり知る必要があるとも思っていなかった。

何はともあれ、いろんなところを見られるのは嬉しいし、ツーリスト的な場所に行くより面白そうだと、カメラを持ってついていったのだ。そう、これがコラとの最初の出会いだった。Neuilly 地区という、とてもリッチなエリアにある彼女の家はしかし、庭の草も伸び放題、猫が一五匹ほどもいて、荒れた感じだった。聞けば、詩人で夫君のミシェル・ヴォケール氏が亡くなって半年経つか経たないかで、まだ何も片付ける気がしないのだとのことであった。そのこともあってか、コラは本当に小さくて静かな、しかしチャーミングなおばあちゃんであった。残念ながら私は挨拶以上何も話すことができない。彼女は殆ど英語ができなかったし、できたとしても私の英語も覚束ない。何となくニコニコして彼女の表情や家の中などを写真に撮り、敬子さんがいろいろと話しているのを眩しく見ていた。

ツアーも終わりが近づいてきた頃にまた休みの日があった。敬子さんが今度はグレコに会いに行くという。ジュリエット・グレコ、この名前は私も知っていた。世界に知られたグレコがトモダチとは、この人はナニモノなんだ? とますます解らなくなった。

休暇の間過ごすその家はパリ郊外の小さな村、小さな教会の隣りにあり、元は神父が住む建物だったという平屋の古い建物だった。石の壁にツタが絡まり、屋根の向こうには教会の小さな鐘楼が見える。なだらかに下る芝生の庭の一隅には生け垣、その向う側にはプールがあり、それはもう、映画の中のような美しさであった。

ふいに生け垣の向こう側で「*Marcel !!*」と友達を呼ぶ、低く太くてドスのきいた声がした。私はてっきり男だと思ったのだがなんとそれがジュリエットだった。私はまず彼女の声に出会ったのだ。

建物の端にはピアノのある部屋があったが、今仕事中だから邪魔をしないように、そぅっと入るように、と厳重に注意された。仕事をしていたのはマルセル・アゾーラというアコーディオン・バンドネオンの巨匠と、ジュリエットのパートナー、ジェラール・ジュアネストというピアニスト／作曲家だった。彼らは夏休みの間に、バンドネオンの限界に挑むという曲を合作するとかで、極めて熱のこもったジャム・セッションの最中だったのだ。

彼らが一息入れる時に紹介していただき、チェロ奏者だと判ると、いろいろチェロ曲の話などを始めた。そこへジュリエットが来て、「うちに古い小さなコントラバスがあるよ」と人に持ってこさせた。敬子さんによると、それは昔のボーイフレンドか誰かのもので、一二年もの間誰にも指一本触れさせなかったのだそうだ。人なつっこく暖かい感じのマルセルが「マスネのエレジーを知っているか」と言ってピアノを弾き始めたので、私はコントラバスでそのメロディを無理矢理弾くはめになった。もう少し神経質で気難しい感じのジェラールは、おそらくセッションが中断されてしまったので気に入らなかったのだろうけれど、表情を和らげて「このパート弾けるかい？」と作曲途中のような楽譜を持って来た。残念ながらどんなものだったかはっきり思い出せないのだが、ちょっと素敵なバスのラインにピアノとアコーディオンが乗ってきて舟歌のように気持ち良く漂う、少し切なく美しいものだった。

実はその時、私は彼らが弾くのを聞いて「なんだ！ 今だって普通にイネガルするんじゃないか、バロックだけじゃないんだ!!」と、弾きながら感動し、胸中で叫んでいたのだ。イネガルはフランス語で inégale、つまり un-equal（不均等）という意味で、8分音符など同じ音価の音符が並んでいるとき少し長短にして弾くバロック時代の習慣である。フランスに固有のものではないが、一番顕著に用いられるのはやはりリュリやラモーなど、フレンチのバロックだ。元々言語との関わりで生まれてくるものなので、今使われていても不思議はないのだが、もちろん皆さんご存知の通り、8分音符はきちんと正確に並べて弾く、それが「クラシック音楽」の常識だから、既にバロックを弾き始めていた私は、それがこういう世界に、いとも当たり前に現れてきたことがことさら嬉しく、感動的だったのである。

そうやって私は、その世界のとんでもなくスゴい巨人、歴史を創ってきた人達と気軽にトリオを楽しんで弾いていたのだ。知らないとはなんとオソロシイことであろうか。どれくらいの時間か分からないが、いつの間にか部屋の隅にジュリエットが敬子さんと一緒に立って聴いており、「やれやれ、この次日本に行くときはこの坊やも連れて行かなきゃなんないのかね。ご飯だよ!!」と、言ったらしい。

その食事は、巨大な楕円のテーブルを囲んで二〇人以上もいただろうか。フランスのポピュラー音楽界きってのマネージャという人なども いたそうで、私はこれまた何も分からず端っこの方で若い人と一緒に食べていた。このまた初めて食べるウサギ肉、淡泊で柔らかくてなかなか美味しいなどと思っていると、ジュリエットが何か激しく議論し始めた。あとで聞くと、ステージに出る人の人種によって客の入りが違うというようなマネージャの発言にジュリエットが反撥し、人種差別だと言い始めたらしい。しかしその議論の仕方たるや、立ち上がり、人々を睨《ね》め回し、テーブルの周りを歩きながら人差し指を振り上げて喋りまくるもので、まったく映画の一場面のようであり、あっけにとられる強さだった。それもあのドスのきいたコントラルトで、である。もともと戦時中辛い目に遭っているジュリエットの口調、そして社会正義への思いには猛烈なものがあった。食事の終わる頃になって私は近くへ呼び寄せられ、しばし彼女と英語で話をしたが、そこでも「世の中のオーケストラはみんな、眠っている！　だからそれを叩いて起こすためにシェフ（指揮者）が真ん中に立って偉そうにしてるんだよ」という調子で、痛快に手厳しかった。

　さて、ツアーが終わる頃、或いは終わってからやっと判ったのだが、敬子さんはその頃、コラ・ヴォケールを何とか日本に呼ぼうと準備をしていたのだった。前に書いた《枯葉》は元々イヴ・モンタンが映画の中で歌ったものだが、大した価値を見出さずに捨てておいたのを、コラが歌い続けて、世界に知れ渡るようになった。他に彼女の持ち歌として有名なのは《モンマルトルの丘（*Complainte de la Butte*）》《サクランボの実る頃（*Le temps de cerises*）》など、今も歌い継がれているものがたくさんある。宮崎駿の『紅の豚』の中で歌われている《サクランボの実る頃》は加藤登紀子のものだが、本当にコラに似ていて、最初に聴いたときにはハッとした。あの舞台は一九二〇年代頃、そこにそれを使うところが宮崎アニメのニクいところだが、実際戦前・戦中の時代からコラの歌に親しんでいた人は多いはずであり、彼女の来日はそんなファンに何十年も待たれていたのだった。

その夏が終わる頃であったか、敬子さんから連絡があり、同年の一二月にとうとう実現するコラの来日公演で、私も一緒にと彼女が言っているという。しかしコラは私が弾くのを一度も聴いていない。書いたとおり、家に行ったときはカメラしか持っていなかったし、ボンジュール、オールヴォワールしか言えなかった。恐らく、一番驚いたのは敬子さんだったろう。長年シャンソンを見たり聴いたりして来られたはずだが、ピアノとチェロのみの伴奏、つまりトリオのような形のシャンソンは見たことがないという。彼女の推測では、きっとジュリエットの家で遊んだのが、回り回って聞こえていったのだろうという。え？　でもあれコンバスだったんだけど……といくら考えても解せないが、とにかく一緒に弾くことになり、当面は彼女のそれまでの録音などを聴いておくようにとレコードやカセットを幾つかいただいた。

しかし、楽器弾きならお分かりと思うが、そういうものを聴いても、いったい何を準備するっていうのだろう？　頭には何も浮かんでこない。別に難しいチェロ・パートが聞こえてくるわけではなし、準備と言われても、まあタダの伴奏でしょう⁉……本当に恥ずかしながら、まるで見くびっていたのだ。時々行っていたスタジオの仕事や演歌歌手のリサイタルと同じ程度にしか思っていなかった。いや、それも演歌歌手に失礼だが、その手の仕事のチェロ・パートが難しいということはまずあり得ない。時々借りたレコードを聴き、まあその時になったらどうにかなるだろう、と他の仕事に埋没していた。若気の至り、リハーサルは前日のみと知ったときにも特に驚きはしなかった。

あれは一二月の初旬だった。会場の草月ホールに行って、久しぶりに敬子さんに出会い、それからピアニストのジャン＝ピエール・レミに出会った。コラにはどのタイミングで出会ったのか、不思議なことに思い出せない。ジャン＝ピエールは幸いなことに少し英語が話せた。そこで、チェロのパート譜を下さいと言ったところ、とても困った顔をしてそんなものは無いと言う。その辺りは敬子さんに通訳してもらったのだが、今までどんな楽器の人も、みんな適当に入れて弾いていたという。困って、とりあえずあなたの楽譜をコピーして下さいとお願いした。ドサっともらった楽譜には、コラが歌う旋律と歌詞、大まかなベースとコードネーム、時々挿入するつなぎの旋律など、それだけしかなかった。当たり前だが全て手書きで、本当に楽譜そのものが適当だった。

とにかくその日は何も弾けないので、チェロなしで練習してくれるようお願いし、楽譜を見ながら客席でそれを聴いていた。さて、これをどうするか。何を弾けばいいのか？　全然分からない。憮然呆然《ぶぜんぼうぜん》、何をしていいか、どんな顔をすればいいかさえ分からないままにリハーサルは終わり。ジャン＝ピエールが、とにかく明日コラより先に二人だけで会おうと言ってくれた。

翌日昼の一時に行くと彼が、「ＯＫ、じゃあ最初から行こうか。まずイントロね。僕たちだけが入って……こんな風に始めるから何かうまく応えてくれる？」と《枯葉》のテーマでカッコイイ前奏を弾き始めた。「ミファソド〜〜と来たら、例えばチェロはシラソファ〜〜とかドミソファ〜〜とかいうのはどう？」と水を向けてくれた。「ああ！　そういうこと⁉　なるほどなるほど……で、それをずっとやるわけね。今晩⁉」コンサートの曲目はたしか二五曲、すんなり行っても二時間半ほどになる。その間、ピアノが弾くのを受けて何か応え、或いはその上に何か乗せて弾いたり前奏の旋律を弾いたりするというわけだ。前にも書いたように、コラは二〇年、三〇年と来日を待たれていた人で、もちろん公演は売り切れ、そしてＮＨＫのテレビとＦＭと、さらにレコードのためにも録画・録音されることになっていた。この辺りで私はようやく、そしてかなり、青くなり始めていた。

ジャン＝ピエールはそんな私の胸中などお構いなくどんどん進んでいく。何といっても時間がない。当然のことながら全ての曲の歌詞も分かっていて、「この曲はすごく早口だからピアノだけで行くよ」「この前奏は素敵だからチェロでどう？」というふうに片付けていく。そうしているうちには、聴いていたレコードやカセットにあった対旋律などがちらほら思い出されるものも出てきた。

とにかく、楽譜に低音があまりきちんと書かれていないので、何の音を弾けば良いかを知る頼みの綱はコードネームだ。もちろん歌の旋律そのものも手がかりなのだが、そちらは歌詞も書き込んであるし小さくてあまり読めない。コードネームを勉強したことはないが、まあ基本はバロックの通奏低音と同じことだ。それに、小学校の終わりから中学校の頃がいわゆるグループ・サウンズの流行っていた時で、大して弾けもしないフォーク・ギターを学校に持って来たりピアノをぶっ叩いたりしている人は何人もおり、実はうちにもぼろいギターが一つあった。幾つかのコードだけ手の形で覚えて、ジャンジャーンと乱暴に引っ掻いていたのだ。その時コードネームを少しばかり読んでいたのが、ここへ来て役に立ったともいえる。

二時間ほど経って、やっと九曲目辺りだったと思う。《言って、いつ帰ってくるの？（*Dis, quand reviendras-tu?*）》という素敵な曲にとりかかった時、「美容院が早く終わったのよ〜！」と嬉しそうなコラがステージにすっと上がってきた。スタンドにあったマイクを手に取ったかと思うと、"*Dis, quand reviendras-tu? Dis, au moins le sais-tu,*" と歌い始めてしまったのだ。

今や YouTube などいろいろ便利（過ぎ）なものが溢れているから、ご存知ない方はちょっとお聴きになると良いと思うが、シャンソンというものは本当に、喋る音楽なのである。歌詞を喋っていたらたまたまそういう旋律になったという感じだ。恋の歌、とりわけ失恋など、壊れた愛の歌が多いが、社会風刺のものもあれば反戦歌も、叙事詩のようなものも、いろいろある。しかし基本は歌詞、そしてコラさんはそのディクションの美しさに定評があり、アメリカのとある大学のフランス語講座では、お手本として彼女の録音が使われていたこともあるという。そんな彼女なので、歌とはいっても実に普通に喋ってしまうのだ。楽譜では、“Dis,”“quand reviendras”“tu?”がそれぞれ一小節ずつで、そこまで言ったら二小節の対旋律が入ることになっていたのだが、そんなことはお構いなし、ただ喋りたい時に“Dis, quand”と来てしまう。まあたしかに、話すときなら“Dis,”は一拍もあるかないかではあろうけれど。「え？　抜かしたよ！　今どこ？　え？もうそこ⁉……え？……あ〜ぁ、終わっちゃったよぉ」これが、その美しい曲の哀しき第一印象だった。しかしコラはにこっとこちらを向いて“très bien! très bien!”とほめてくれた。「え〜〜トレビヤンじゃないよ、もぉ……」とこちらは泣きそうだったのだが、はい次！と進んでしまった。さらに数曲行くと、誰かが「コラさん、インタヴューです」と呼びに来て、結局道半ばでリハーサルは終わってしまった。まだ一〇曲はあったような気がするが、とにかく終わり、ジャン＝ピエールはその時どうしていたのか思い出せない。きっと日本人の何も知らない若造にいろいろ英語で伝えて疲れていたのだろう、どこかに行ってしまった。

その後本番開始までの記憶はない。何はともあれ、お昼過ぎに練習した派手な感じのイントロで、ショーは始まった。その次には続いて、その次は速いから休み、次は……そもそもピアノの楽譜をコピーしたものだからサイズも大きいしバサバサと不様に下へ捨てていかなければならない。それに自分が一番「部外者」であることを痛いほど感じていた。「日本中が待っていた伝説上の歌手、素敵なコラさんとカッコいいピアニストのジャン＝ピエール……どうして日本人の、何にも知らない僕がここにいるんだろう、誰もこんなヤツがいることを望んでいないに決まっている……皆さんゴメンなさい！」と思いつつも、しかしとにかく時間内に何か思いついて弾かなければならない。Think, think, think!!

この時私が何も出来ない木偶《でく》の坊にならず、とにかく何かを弾き、何とかそれなりの音を出せたのは、学校内外で山ほどやっていた室内楽の経験、先ほど書いたコードネーム、そして僅かながらの通奏低音の知識であった。学校で学んだ和声にも感謝しなければならない。とにかく、次にはこの和音が来ると察知してそれに見合う何かの音を弾く、低音の単音や少ない音符で音楽を支える、歌の雰囲気、全体の雰囲気に合うことをする、そういった作業は全て、通奏低音の基本ともいえるが、とにかく知っていたこと全てを総動員して何とかあの時間を切り抜けたのだろう。

しかしそもそもチェロは通奏低音、バロック音楽にあっても対旋律を入れたり装飾を加えたりということはあまりしない。人がするのを見たり聴いたりしているだけである。だから、書かれていない音符をどんどん弾いていく、それも人とマイクの前で、というのはなかなか指や腕が自由に動かない。いいのを思いついた！と思ってさぁ弾こうとすると、タイミングが一瞬遅く、ピアノに持って行かれてしまって口惜しいことが何度もあった。何の楽器が弾くかではなく、その瞬間にその旋律が出るということがこの手の音楽では最優先なのだ。

極めつきに怖く、しかし深く心に残っているのは《サントロペの想い出（*Je n'irai pas à St-Tropez*）》であった。コラさんのご主人のミシェル・ヴォケール氏が同年早くに亡くなったことは前に書いたが、この曲の詩は彼の作である。サントロペの別荘の女主人に宛てた手紙の形式で美しい想い出を綴り、最後に「マダム、サントロペには今年も、これから先ももう行くことはありません。私の愛する人も行くことはありません。ついさっき殺しましたので」という、血の凍るような歌詞が淡々と歌われる。この曲のとき、ステージの照明はサントロペの海の底に差し込む光のように青白く、シンプルなデザインで真っ白なドレスを着たコラさんは、身体を、そして手を硬くこわばらせて身動きもせずに歌うのだ。「その手には、たった今殺した恋人の血が滴《したた》るナイフを握っているのが見えるようだ」とある評論家が言ったそうだが、まさにその通り、私は毎回息も出来ない思いでステージにいた。

しかし、怖いのは詩の内容だけではない。その曲はF-sharp major（嬰へ長調）、シャープが六つも付いていて音程が取りにくい上、ステージで完全に初見だった。ピアノのパートは本当に美しく、寄せては返すサントロペのさざ波でもあるかのようにきらきらと響いている。私は殆ど、ただ低音を長く弾くことしかできなかったが、それとて書いてあるわけではない。それ以外何かを思いつかなかったのではなく、何を弾いても邪魔にしか思えなかったのだ。曲の一番終わり、“*Ni jamais plus, jamais plus…*”と繰り返しているところで、その旋律を1オクターヴ高いところで弾くことができたが、それを思いついたのは百分の一秒前、ギリギリだった。外れなくて良かった!!

とにかく私の一番の緊張は、自分が音程を外すことによって、客席にいる、何十年もコラさんを待っていた人々の夢を壊してはいけないということだった。見れば、中年から初老の紳士がたくさんいる。洒落た上着に蝶ネクタイを締め、大きな花束を抱えて少年のように目を輝かせて見入っているのはどこかの大学教授、あれはたしかテレビで見かけるフランス語の先生……どの曲も、歌詞もコラの歌い方も、すっかり覚えている人が大勢いただろう。だから、ピアノとチェロという珍しい伴奏の形で何を弾くにしても、決して彼らを現実の日本に引き戻してはならなかったのである。

とはいいながらも、ステージにいる私もまたコラの歌い回しや緩んで温かい声、美しい喋り方に魅了された客の一人となっていた。《サントロペ》の他にも幾つかミシェル・ヴォケール作詞の曲はあったから、その年の彼女にはとりわけ辛いことであったろう。彼女は曲の内容によって、歌いながら本当に泣くのである。歌えなくなるぎりぎりのところまで、表現なのか自分の感情なのか分からないところまで、深く心の底から語り、歌い上げ、涙を浮かべる。ほんの二〜三分でも、まるで芝居のようにその曲の世界が出来上がるのだ。そして拍手と共にスポットライトから外れ、ステージの後ろの暗がりへ円を描いて歩く。後ろ、つまり私の方へ歩いてくる時はまだ前の曲の雰囲気にいるが、前へ戻る時にはもうすっかり次の曲の雰囲気、別人になっている。その変わり方は驚くばかりだった。

再び《枯葉》のテーマを用いたエンディングと拍手とが入り混じり、二時間半の公演が終わったが、私には五時間にも六時間にも思えた。楽屋に戻った私は、しげしげと鏡の中の自分の顔を見た。髪の毛が白くなっているような気がしたのである。しかしその時の私は二三歳になったばかり、まだ横鬢《よこびん》さえも白くなっていなかった。黒い布を張ったステージで黒服、黒髪、黒ヒゲの私は、どこにいるのか見分けがつかないほど黒かった。

公演は四日間続き、書かれていないことを弾くのも少しずつ楽しくなっていった。初日だったかどうか覚えていないが、沖縄の夜の海を一緒に歩いたあの大物記者にも再会した。その後コラとは、八三年と八五年の日本全国ツアーでもバックを務めた。八五年にはもう既にオランダに住んでいてスケジュールが厳しかったが、空港から直接草月ホールへ向かって初日をすることができた。そんな予定を引き受けるのは愚かだと多くの友人に叱られた。飛行機がちょっと遅れたらどうするんだ？　もちろんその通りだが、これができる他の人はいるだろうか？　もちろんどんな仕事であっても、自分は自分、本当は誰も代わりになることはできないが、特にこの仕事、ろくに何にも書いていない楽譜で、バスや勝手な対旋律を弾いてきてなどと人に頼むこともできない。その思いが多分、スケジュールのリスクと時差ぼけの眠さにも勝っていたのだろう。

八二年には、ジュリエット・グレコの日本ツアーがあり、六人のバンドに加わって弾くことになった。あの時のジュリエットの「ヤレヤレ、この坊やを？」というのが現実になり、人種差別を越えて日本人が加わることになったのだが、多分それが実現した裏には、コラとトリオの形で日本公演を行ったことが聞こえていたことだろう。私を入れて六人のバンドには、あの時出会ったマルセル・アゾーラとジェラール・ジュアネストがいた。

どの人も素晴らしかったが、いつものギタリストが来られなくなったとかで、私と同年代の若者が代理で来ていた。私にはそんなにどこかが悪いとは思われなかったが、これがまあ、周り中からよってたかって正されるのである。それも、「タッタカタじゃない、タッタタタだ！」というような、驚くほど細かいアーティキュレーションが問題にされるのだ。或いはまた、イン・テンポで終わるといったらイン・テンポ、毛筋ほどの緩みも許されなかった。ジュリエットの歌はコラと随分異なり、中には厳しく批判的な内容や、詰問・糾弾するような口調のときもある。そんなとき、彼らは皆、髪の毛一本ほどの違いにも神経質で厳しく、その徹底ぶりはすがすがしいほどであった。

彼等のアンサンブル能力と、歌手を立てるということに徹する姿勢はまったく素晴らしかった。ある公演で《パリの空の下セーヌは流れる》という曲のとき、八小節あるはずの前奏の七小節目でジュリエットが“*Sous le Ciel de Paris...*”と歌い始めてしまったのだ。しかし、誰一人まったく眉一つ動かさずに一小節スキップし、次の小節のアタマは完璧に合っていた。暫く経ってから、「なんだこのスゴいヤツラは……？」と驚きがこみ上げてきたのを覚えている。

二年後の八四年、ジュリエットの公演がオランダのデン・ハーグで行われたとき、既にオランダにいた私は開演前の楽屋に彼女を訪ねた。とても喜んでくれ、そしてすぐに、「今日のギターはホンモノだからね。よく聴いて」と念を押したのだった。そしてその、残念ながら名前は思い出せないが、長年彼らと組みジュリエットが全幅の信頼をおいているギタリストは、私が初めて、電気を使うギターを美しいと感じたものであった。柔らかく表情豊か、音色の違いも（音量ではなく！）聞こえて語りかけてくる「エレキ・ギター」、それはとても嬉しい経験であった。

ピアニストのジェラールは元々クラシックのピアニストで、コンセルヴァトワールを一等賞で卒業しているそうだ。新しい会場に来てピアノを試すのに彼が弾くのは、ラヴェルの《夜のガスパール》などといった難曲で、それがまた何とも見事で美しい。さらには、コンサート前のステージ・リハーサルが終わるや否やそこで即興のジャム・セッションが始まってしまう。なかでもアコーディオンのマルセルは驚くほど熱烈で、しかしまた温かく音楽的であり、その弾き方は大いに学ぶところがあった。

同じシャンソンといっても実に様々であることを、そしてポピュラーの世界というのか、クラシック以外の世界に実に味わい深く卓越した音楽家がたくさんいることを、私はこの上ない二人の歌手との共演から学んだのであった。

コラも、沖縄でお世話になった千香士さんもミルトンももう天国に行ってしまったが、想い出は、音も色も味も香りも雰囲気も、全て鮮やかなままに胸の裡《うち》に残っている。

通奏低音弾きのインテルメッツォ

不自由な人間

もう「前世紀」のことだが、あるときオランダの電車の中で、私は楽器を二台持っていたので座席に座れず、デッキに立っていた。すると、終点のデン・ハーグ駅近くになってやってきた車掌が私をしげしげと見て、「ときに人は全てを欲しがるものだ……」と哲学者のような顔をして言った。疲れていた私はとっさに言い返すことも出来なかったが、心中「なにを偉そうに……欲しているんじゃなくて、必要だから仕方ないんじゃい!」とぶつぶつ呟《つぶや》いていた。

二つはもちろんだが、たとえ一つでも、ありとあらゆる移動や旅行はチェロ弾きの頭痛の種である。いくら持ち慣れているといっても一五分以上歩くのは疲れるし、昔の半分以下の重さとなったケースは、チェロ弾きの足元を見るかのように高額である。混んだ電車の中では白い目や無言の圧力を感じ、飛行機ではもう一席買わねばならない。しかも国際線では大人と同額なのである。飯を食わず空気を汚さず、トイレにも行かず、十カ月の赤ん坊より軽いというのに。飛行機会社は、己の利益優先主義が音楽文化の発展を妨げ、結果的に入場料を高くせざるを得なくなり、人々がよい音楽を享受する邪魔をしているということを理解していない。この駄文の読者に飛行機関係者がおられたら、心せよ。生きているうちにしかよいことはできないのだ。

チェロにトイレは要らないが、奏者にはもちろん要る。飛行機内では問題ないが、普通の移動中、駅などでは困ることであり、一人のときには我慢しなければならないこともしばしばである。この事情に関して私達は「トイレに不自由な人」であり、最近は数が増えた障害者用のトイレを有難く使わせていただいている。

オランダの電車で持っていたのがどの二つだったか思い出せないが、今私は四種類の楽器を使って仕事をしている。つまり、バロック、クラシック、モダン、そして五弦のチェロである。幸いこの頃は車で移動することが多くなったので、白い目やしたり顔の車掌に煩わされることはなくなった。

既に多くの方がご存知のように、一八世紀末から一九世紀初頭にかけて、音楽の対象は少数の貴族から大勢の一般大衆に変わり、宮廷のサロンから大きなホールへと会場が変わっていった。それにつれて、それ以前に作られた楽器はもっと大きな音がするように改造されていったのだが、それは必ずしも進歩のみとは呼べない。

およそ楽器という楽器の「進歩」の意味は、音量の増大、音域の拡張、演奏の容易さ・均一性（安定度）の三つを求めることである。音色や音楽的表現能力などが二の次になったということもできるが、楽器の音色や性能に求めるものが変わってきたということでもある。ネクタイの幅やスカートの丈、ヘアスタイルの流行が変わるように、人間の趣味や美的感覚は変化する。親と子でさえ、同じものを美しいと感じるとは言いきれない。ならば一八世紀と一九世紀、バッハの時代とモーツァルトやベートーヴェンの時代、さらに後の時代の美観が同じであるわけはない。そのことに異論を挟む人はいないと思うが、それに同意するとしても、各曲を弾くに当たって私達はどれだけ演奏方法を変えられているだろうか？　「美しい音」「歌って弾く」等の意味することも、いつも同じとは限らないのだ。

同じ楽器でそれぞれ曲に合うように変えるというのは大きなチャレンジのようでもあり、面白そうだが、それぞれの楽器の特性にはあえて目をつぶるということになる。一八世紀と二〇世紀では白黒が逆というほどに美意識が異なることさえあり、道具はどちらかに好都合に出来ているのである。

「そんなことを言っても聴くのは現代の聴衆なのだから、楽器を変えたり奏法を変えたり、そこまでする必要はない」という意見を聞くこともあるが、これは「どうせ食うのは日本人なのだから、フランス料理でもイタリア料理でも醤油味でいいだろう」というのと大差ない暴論である。

歴史の最後にいる私達は、一九世紀中頃まで殆ど誰もしなかった「それぞれの時代を取り出して味わう」という贅沢を楽しんでいる。それまで、音楽とはこれ即ち現代曲なのであった。しかし一九世紀の音楽家の中には、弱冠二〇歳でバッハの《マタイ受難曲》を再演したメンデルスゾーンや、ポッパーなどと一緒に「歴史的演奏会」と銘打ったシリーズを企画したクララ・シューマン、クープランの作品を出版したブラームスなどのように、「歴史は未来のためにある」ことを知っていた人々もいた。二〇世紀には音楽学の科学的研究が大幅に進み、音楽と楽器やその演奏法が密接に繋がっていること、楽曲に想定された楽器から学べることが多くあることなどが理解され始め、元々の（もしくはその状態の）楽器、いわゆるオリジナル楽器が用いられるようになってきた。そのような演奏を、後期ロマン派的・二〇世紀（前半）的表現の演奏と区別するために、「古楽」「古楽奏者」という言葉が使われるようになってきたのである。

過去の作品を楽しむなら、それぞれの作品がいつも新鮮に響くように私達は出来る限りの努力をするべきである。アルノンクール氏も言っているように、過去の作品が今も私達の心の糧となっているのは明らかであり、それなしで生きることは考えられない。ならば、各時代の音楽をそれぞれのスタイルに従って新鮮に演奏しようという「古楽」は、最も「モダン」な考えなのだ。

話を私の活動に戻すと、そういうわけで私はバッハをはじめとするバロック音楽に一つを、ベートーヴェン以降にもう一つを、そしてバッハの組曲第6番にある「五弦で」という指定のために五弦のチェロを使うことになった。ついでに、シューベルトがソナタを書いた「アルペジョーネ」は金属フレットのついた六弦の楽器だが、実際には殆ど公開の演奏に耐えないので、それにもこの五弦のチェロの調弦を変えて使っている。普通のチェロよりもはるかにアルペジョーネの響きに近くなる上、元々のアルペジョーネでは得られないポルタメントも可能で、理想的な代替楽器だと思っている。

かくして、気兼ねなくトイレに行ける日は一向に近づかない。

想い出の屋台

その昔読んだ開高健の本の中に、日本中いろいろ食べ歩きをするというものがあった。始まりはたしか新橋辺りのガード下の飲み屋、その後がたこ焼きの話で、これの「正統」はどこなのか調べようということになって場面は神戸に移る。元町駅近くの小路を入るとコの字形カウンターの小さな店があって、老夫婦がたこ焼きを焼いている。薄味の出汁《だし》につけて食べるそのたこ焼きの柔らかさはスフレのようで……という辺りの描写が絶妙で、読んでいて涎《よだれ》が出てくるほどだったことを覚えている。またその店は文人の集まるところとも書かれていた。

それからしばらくして神戸の街を歩くことがあり、その本に書いてあった辺りを歩いていたら、本当にその店があったので私は叫びそうになった。まさか本当にあるとは思っていなかったのだ。暖簾《のれん》をくぐって入ってみると中はたしかにコの字形カウンターで、穏やかそうなおばあさんが俯《うつむ》き加減にたこ焼きを焼いている。座ってから「開高健の本に出てくるのはこのお店ですか？」とそっと尋ねてみたら、ほのかに微笑んで「へぇ……」と答えられた。ご主人はもう店には出ないということだった。壁には陳舜臣の絵がかかっていた。棟方志功もあったような気がする。そうか、ここだったのだ。ここに開高健も座ったのだ……本の中身が現実になったというより、むしろ自分が本の中に入ったような不思議な感動を覚えた。そして、開高健の描写と一致、いやそれ以上に優しく柔らかく、デリケートな香りのたこ焼きを大いに味わい楽しんだ。

それから何年経っただろうか。カンタータ・シリーズの録音のため年に何度か神戸へ行く人生が始まり、あるとき空いた時間に再び行ってみると、店は同じ小路の斜め向かいに移り、倍ほどの大きさになっていた。めでたく繁盛したのだろう、カウンターだけではなく囲んで座る大きなテーブルもあった。カウンターの向こうでは四十代後半ぐらいの男性が焼いていた。話してみると息子さんだという。もちろん開高健の本のこともご存知だった。メニューも、以前は普通のたこ焼き、挽肉入り、大餅（ターピン）、小餅（シャオピン）と四、五種類しかなかったのだが、いろいろ小皿のようなものが増えて酒と共に楽しめるようになっていた。もう何年も行っていないが、今ではその息子さんも時々しか店に出られなくなって、さらに次の若い世代が焼き続けているはずである。

実は私、自他共に認めるタコ好きであり、普段から「世の中には明石のタコとそれ以外のタコという二種類がいる」と言っている。タコは嚙み心地もさることながら、その地域の海の香りがする。明石のタコは、まず茹でたときの色がもう違って、一般的なものが紫色に近い感じなのに比べてむしろ茶色に近い。茹ですぎは禁物、口に広がる香りがたまらない。

バッハのカンタータ全曲録音の中で唯一私が弾いていないのは第3巻、娘が生まれる時期で予定日前後一カ月を休みにした時である。オランダで、生まれるのはいつかいつかと待っている頃、録音のため神戸にいる仲間から電話があった。「今何食べてると思う?? タコ飯〜〜」。みんなの声を聞けるのはよいが、そこにいない私を羨《うらや》ましがらせるだけのために電話をしてくるとは！暫くして封書が届き、開けてみると料理の本から一ページを切り取ったものが出てきた。見るからに美味そうなタコ飯の写真が載っている。そこには「タコ飯の作り方〜原材料：明石のタコ……」と書いてあるのだ。コノヤロー……タコの恨みを甘くみるなかれ!! オランダ、ベルギーにも時々タコは売られていて時々食べたが、もちろんそれは私の鼻腔が記憶しているものとは別モノであった。

またある時には、録音している神戸の現場に、生きているタコを水の中に泳がせたまま届けてくれた方もあった。いたく感動したが、録音が終わるや否や、塩で揉んでぬめりを取り、茹でて薄切りにして……と大忙しになった。

小さな店、街角に隠れた味といった記憶は多分誰でも少しはあるもの、しかしあまり人に言いたくないものではなかろうか。人に言って混み合うようになっては台無し、自分だけはいつでもひょいと入れるようであってほしい、と勝手なことを思うものだ。狭いと知り合いにでっくわすのも嫌かもしれない。神戸のたこ焼きの店はもうかなり有名になり、「小さな」でもなくなったようなので良いが、人に言ってもこんなところに書いても心配ないのは、記憶の彼方にある店である。

学生の頃、夕方になると甲州街道の向こう側から自転車で渡ってくるおじいさんがいた。自転車の後ろにはかなり大きな屋台が取り付けられている。それがなければ絶対倒れるだろうというぐらいゆっくり、あんな細身で大丈夫かと周りがヒヤヒヤしているのを尻目に道を渡り、商店街の方へとやってくる。商店街の外れ近くの、小路の奥のビルの一階に駐車場のような三和土《たたき》のスペースがあり、端っこの方には大きな冷蔵庫が置かれている。おそらくそこを何らかの契約で借りていたのだろう、老人はそこに屋台を引き入れて設置し、周りにベンチを置く。そう、それは夜だけ店になるおでん屋だった。冷蔵庫には店で売るビールなどが入っていた。

日が暮れると、真っ直ぐ家に帰れない、或いは帰りたくないサラリーマンなどが三々五々やってくる。我々音楽学生も時々食べに行った。おでんの煮える四角い鍋の二辺に客の顔が並び、三和土に出した椅子にも何人か座れる。あまりはしゃぐ雰囲気ではない。熱燗《あつかん》を頼むと老人は「へい」と短く返事をして銚釐《ちろり》に酒を入れ、おでんのつゆの端に入れる。上げ底もいいところのグラスを客の前に置き、湯気の立つ酒を注いでくれる。今食べたらどう思うか分からないが、その独特な雰囲気も手伝って「なかなか美味い」と思っていた。おじいさんの声は注文の時の「へい」と、勘定後の「有難うございます」以外記憶に残っていない。

このおでん屋と共に、他にも記憶に残る屋台があることを思い出した。一つはイタリア、シチリア島パレルモでのことだ。

ローマでコンサートを終えた18世紀オーケストラはバスでナポリまで南下、そこから夜のボートでシチリア島へ渡った。「ナポリを見て死ね」と言われるほどに風光明媚な場所のはずだが、同時に泥棒やスリが多く、日本人がカモにされることでも有名である。ボートが出るまでしばしの間歩いた街並みは、もちろん地域にもよるのだろうが決して美しいとは言えず、バールで飲んだブラッド・オレンジジュースが感動的に美味しかった他に良い印象はなかった。自分が怯《おび》えていただけかもしれない。

しかし夕暮れの中を船が出航し、港を出る辺りで船尾から見上げたナポリの街には息を呑んだ。ああ、ナポリは外から見るものなのだ！　見て死ねとは海に身投げしろということか……。

初めてのパレルモはまだ朝靄《もや》の中だった。港に入ったのは多分朝の七時前、もちろんホテルの部屋はまだ準備できていない。荷物を預けて、皆散歩に出かけた。

街をしばらく歩くと市場が出ていた。露店が居並ぶ青空市場で、何もかもが新鮮そのもの、小魚類はとにかくみんな生きている。面白いことに、口に針を引っかけて尻尾と糸で結んであり、すごい勢いでバタバタ跳ねている。考えてみれば少々残酷だが、それより鮮度の方に気が向いてしまう。貝類はぴゅうぴゅうと噴水のように水を吹き上げている。朝日の中に見る市場の様子は全てが「生」を感じさせて輝いていた。

日本人として（少なくとも私にとって）少々ぎょっとしたのは肉類もまた新しいということで、大きな鈎《かぎ》に引っかけた何かの臓物、無造作にボンと置かれた牛の頭、何色だったか分かるように足先だけ毛が残され、あとは「因幡の白ウサギ」よろしく皮をひん剝《む》かれてぶら下がったウサギ等々、日本ではちょっとお目にかからない光景が続き、肉好きな人なら良いだろうが、私の食欲は残念ながら増進しなかった。

そんなマーケットから少し離れた道端に屋台があり、男が三人ばかり周りを囲んでいた。日本のおでん屋と違って屋根はないし周りにベンチもない。近寄ってみると大きな鍋にグツグツと何かが煮えている。男達の持っている皿を見てみると、なんとタコだった。私はそれを見てもう我慢できず、イタリア語は分からなかったがとにかく「くれくれ！」と英語や身振りで頼んだ。オヤジは脚先をちょっと切って皿に載せ、本当に好きか？といった顔で渡してくれた。切れ端を口に入れると、多分海水そのままで煮ているのだろう、ただ塩味だけ、しかし素晴らしい磯の香りが口中に広がった。ウーム！「もっとくれくれ！」と身振りで頼むと笑って二、三本切ってくれた。周りの男達も一緒に食べながら笑っていた。値段は分からないからポケットから幾らか札やコインをつかみ出し、手に載せて取ってもらったのでまた笑いが起きた。幾らでもいい！

あの時のタコは明石に次いで、そしてヨーロッパで唯一、本当に美味しいと思ったタコであった。

その時の18世紀オーケストラのプログラムにはメンデルスゾーンの交響曲《イタリア》が入っていた。カターニア、メッスィナなどの古くて大きな教会に響く《イタリア》は形容する言葉が見つからないほどに色彩豊かであり、特に第2楽章冒頭に現れる冷たい冬の風のような旋律、そこに突き通るヴィオラの音が聞こえて来たのは今も耳の底に残る。フランスはあの交響曲を「秋から始まって夏に終わる」と表現したが、それはあまりにも秀逸な譬《たと》えであった。指揮するフランス・ブリュッヘンの横顔は、教会内部の装飾や絵画と相俟《あいま》ってまるで彫刻のように見えた。

もう一つの屋台、それはブリュッセルにあった。まだオランダのデン・ハーグに住んでいたのだが、ブリュッセルの王立音楽院で教え始めたことなどもあって引っ越すことを考え始めていた。そんな頃、一〇〇回公演のオペラの仕事があって、長い滞在になるのでアパートメント・ホテルを借りることにした。ブリュッセル住まいの疑似体験といったところである。

一一月だったがその年は既にかなり寒かった。七カ月になった娘には着ぐるみのようなコートを着せてバギーに乗せ、上からビニール・カバーをかけて風を防ぎ、頬を切る寒風の中を買い物に歩いていた。

これは屋台ではないが、冬だけ店を開ける生牡蠣の露店があった。フランスのマレンヌ、オランダのゼーランド等、二、三種類の産地を選び、六コまたは一二コと頼むとその場で開けてくれる。そのまま持って帰ることもできる。ニクいことに、グラスの白ワインも売っていて、そちらも二種類の値段である。完全防寒の娘は……大丈夫だ、私達はバギーを停めて舌鼓を打った。もちろん私はワインと共に！

ふむ、こんな店があるなんてブリュッセルはなかなかいいじゃないか、と胃袋で街を値踏みしながらもう少し人通りの多い方へ行くと、雑踏のなかに屋台が出ていた。これまたパレルモのタコ屋台同様、直径一メートル近くもあろうかという鍋が嵌まっていて、薄白い液体がゆらゆらしている。それは何とツブ貝のスープの屋台だった。中身はツブ貝のむき身とセロリ、そして混ぜると沈殿しているのが見える圧倒的分量の黒胡椒と唐辛子だけである。注文するとプラスチックの器にツブ貝五、六コとスープを入れてくれる。胡椒と唐辛子のおかげで身体がどんどん温まる。その頃、つまり二〇世紀の終わり頃、ブリュッセルの冬はマイナス二〇度近いこともあったから、これは大変有難かった。さらに、持って帰りたいというと、何とも適当なネスカフェなどのガラス瓶にツブ貝を数えて入れ、あとは沈殿している胡椒・唐辛子と共にスープを大雑把に入れてくれるのだ。アパートメントに持って帰って食べたこともあったが、どうもあれは、寒い中でフゥフゥ言いながら食べる方が美味いようだ。

そんなこんなでうちの娘には何度もバギーの中で待ちぼうけを食わせたが、有難いことに元気に育ってくれている。

その時やっていたのはペルゴレージの有名なオペラ《奥様女中》と、同様に短い二幕もの《リヴィエッタとトラコッロ》だった。口のきけない召使いの役がいるのだが、それを演じていたのはイタリア人俳優で、聞くとテレビでドナルドダックのイタリア語版吹き替えをやっている人とのことだった。飲みに行った時にちょっとやってくれたが、突然漫画が飛び出してきたかのようで最高だった。演出はフェルッチォ・ソレリ（Ferruccio Soleri）、イタリアの伝統的即興仮面劇コメディア・デラルテ（Commedia dell'arte）を実際に演じていた人であった。コメディア・デラルテ、所詮《しょせん》は大道芸のようなものと軽んぜられるかもしれないが、このキャラクターを少し理解すると一八世紀のイタリア音楽を理解するのに大いに役立つのだ。容易いように思われているヴィヴァルディのチェロ・ソナタも、そんなキャラクターを知らないとどういう表現をすれば良いのか分からなかったり、何が可笑しいのか理解できなかったりする。ただマジメに弾いて音が並んでいても何の足しにもならない。

オペラ公演というものは、いったん公演が始まるともうリハーサルはないので、日中はいわばヒマである。その一日を使って、フェルッチォがメンバー達にCommedia dell'arteとはどういうものか見せてやる、ということになった。多分その時もう七〇歳は過ぎていたはずだが、道化の衣裳に身を包んだ彼は身軽そのもの、逆立ちでタタタターっとステージに出てきたと思うとそのままで口上を述べ始めた。残念ながら猛烈な早口のイタリア語は殆ど何も分からなかったが、まことに稀有《けう》な経験をさせてもらった。

まあどの屋台も、今考えてみればそれほど衛生的ではなかっただろう。しかしそう簡単に人は死なないし、温かい、美味しいと思って食べていれば当たらないものだ。近頃の日本では餅つきも禁止、除夜の鐘は喧《やかま》しいから止めろという。どこかおかしいのではないか。何かと言えば除菌・防菌というが、人間そのものに防菌の能力は備わっているのだ。除菌するためにどれだけの水を汚染していることか……。

世界にはまだまだ面白い屋台があるに違いない。旅する生活はだいぶん減ったが、次はどこで楽しい経験ができるだろうか。音楽家の胃袋と肝臓は頑丈でなければならぬ！

弦楽四重奏《クアルテット》と、その上

どういうわけか、室内楽・合奏というものは最初から好きだった。聴くことよりむしろ弾く方が、である。ふと、初めて誰かと一緒に弾いたのは何だったろうかと考えてみると、人生をかなり遡る。家庭内で何やら合唱をしていたことを除き「器楽」でと考えると、多分それはチェロのレッスンで、小さな練習曲にピアノの伴奏をしてもらった時のことだろうから、約半世紀前ということになる（ちなみに、小学校でハーモニカやリコーダーなどで合奏した経験を持つ人は多いと思うが、それが音楽的感動にまでなったかどうか）。自分の弾く単旋律に人の弾く和声が付いて、突然音楽がふくよかになるということの驚きと喜び、その味をしめたのはそこからかもしれない。そういえば、その最初の伴奏は下行バスだった。

中学校の時には、井上頼豊先生の計らいで相愛学園の音楽教室オーケストラに加えていただき、今度は自分の弾くパートが何倍もの大きさになるという驚きを覚えた。子供のオーケストラだったから弦楽器のみ、いや一曲ティンパニが入ったものがあったが（モーツァルトのセレナータ・

ノットゥルナ)、合奏の味を覚えるには十分だった。

音楽学校に入ってからは、自分が弾けるかどうかとか、弾けもしないくせに人を誘ったら迷惑しないかなどと考えるアタマはまるで無く、片っ端からクァルテットやろうよ、トリオ弾こうよと誘ってばかりいた。弾けないところは適当にごまかし或いは飛ばして、とにかく次から次へと譜読みしていったものだ。今考えれば随分いい加減なことをやっていたと思うが、そんなことでも初見の能力は培われてゆくものだから、あながち悪いことではなかっただろう。時々呼びもしない先輩が部屋にやってきて押し売りレッスンをしていったが、幸か不幸か何を言われたかは殆ど覚えていない。

先生との個人レッスンで学ぶことはもちろん重要だが、同年代の仲間とああでもないこうでもないと言いながら音を積み上げてゆくことには格別の楽しさがある。初めて企画して行った室内楽コンサートは高校三年生のとき、ピアノ・トリオのコンサートだった。その後大学に進んでからはどんどん数が増え、ある頃は一度に七つのグループを組んでいた。当然学校にいる時間は多くなり、朝七時からのレッスンや夜一〇時までの練習……私はどんどん室内楽の虫になり、学校とその周辺に入り浸り、ついには行きつけの焼き鳥屋に仕事の電話がかかってくるほどになった。散々迷惑をかけたあの店の店主は今どこにおられるだろうか……。

魅力溢れる室内楽の中で、最も緻密なものは何といっても弦楽四重奏だろう。その構造、音色や機能のまとまり、パート間に起きるありとあらゆる対話・葛藤・協調・融和等々、その深い味わいと愉しみは言葉で言い尽くせない。ピアノの即興で有名になり、ピアノという楽器の変遷と切っても切れないあのベートーヴェンも、最後の一二年間、つまり《第九》より後、鍵盤楽器の作品はカノンなど小さな曲が少しあるのみで、大作は弦楽四重奏曲しか作曲しなかった。ハイドンが確立したといえるこの形態は、奏者・聴衆共に最も集中し得るもの、純粋なものとして、古今東西の作曲家をして数多の名作を書かしめた。

クァルテットは、一度組んだらもう一生付き合うもののように捉えられていることが多い。実際そういうグループはたくさんあり、スメタナ・クァルテットのように約四〇年間、毎日朝八時半から一一時半まで練習したという驚異的な例もある。男か女かを問わず、それは一種の三重結婚のようなものであり、そのようにしなければクァルテットは極められない、そうでなければいい加減なものと軽んぜられる感さえある。たしかにそのような活動方法もあるだろうが、必ずしもそうでなくてもその都度の合わせ方や楽しみ方はあるのであって、そんなに悲壮な決意をしなければ始められないわけではない。もちろん、クァルテットとしてコンクール等に出場し、スターダムにのし上がってゆくことを望むなら話は別かもしれないが、どうもクァルテットという存在とそういう活動とは相容れないような気がする。

私を含めて「古楽奏者」と呼ばれる人種は、大小様々な団体に関係し、活動の形態も多様なことが多い。バロックや古典派のオーケストラに加わり、室内楽をするにしても同属楽器のこともあれば鍵盤楽器が混じったもの、声楽を伴うもの、そして無伴奏、といった具合である。古楽のみをやっているのではなく、いわゆるモダンのオーケストラや団体に所属しているという人も多く、その場合には活動の種類はもっと多くなるだろう。

そんなわけで、私の周りにいる同僚たちは皆かなり忙しいスケジュールを調整して生きているのだが、ここ数年、その合間を縫って仲間が集まり、気楽なクァルテットを楽しんでいる。都内某所のお寺に無類のハイドン好き住職がおられ、『拝鈍亭』という名の法話室・室内楽ホールを作られてしまった。私はそこの終身楽長という名前をいただいて室内楽のシリーズを企画しているのだが、そのシリーズが「楽友協会」ならぬ「楽遊会（らくゆうかい）」と名付けられた。したがってクァルテットの名前も「楽遊会弦楽四重奏団」である。シリーズの内容はクァルテットに限らず何をやってもいいのだが、全てはハイドンでなければならず、偽作も不可。これは実はなかなか難しい。クァルテットのメンバーは、何十年という単位で互いに知り合い、数多くの仕事を共にしてきた仲間である。だから、クァルテットとしての時間はそう長くないが、その音楽を取りまく美意識や音楽言語・歴史的背景等の共有という、作品よりもっと広い意味での繋がりはかなり深いはずである。

ウィーンから離れたアイゼンシュタットと、さらにそこからかなり離れた現ハンガリー領のエスターハーザ、この二つの「遠隔の地」で三〇年の長きにわたってエスターハーズィ家に仕えたハイドンは、彼自身が書いているように、そうであったからこそ独自性を高められたという。極めて多忙、しかし規律正しく秩序立った生活の中で生み出されていったクァルテットには、構造美という秩序と、ハイドンならではのオリジナリティの両方が聴き取れる。とりわけ彼のメヌエットは、最も短く小節数さえもほぼ決まっている中で、どんな旋律やリズム、何が飛び出してくるか分からないアイデアの泉のようなものである。クァルテット、シンフォニー、ピアノ・トリオやソロなど、形態は様々でもメヌエットだけを集めたCDを作ってみたいと思うほどに、彼のメヌエットは千差万別で魅力が尽きない。

クァルテットに限らずクインテットもゼクステットも、やはり同属楽器、特にヴァイオリン属のそれはまことに良く溶け合い、微に入り細に穿《うが》ってアンサンブルを楽しむことが出来る。もちろんそうなるのは容易なことではないが、面倒な音程合わせのようなプロセスももつれた鎖を解いていくようなもの、つまらないだけということはない。一音の中でさえも、その表現や音色を揃えたり違えたり、実に多くの選択が出来る。こんなに緻密なことのできるのは弦楽器同士、そしてクァルテットをおいて他にはない……と長年思っていた。しかし最近、少々その考えを修正しなければならない状況を経験しつつある。

日本に帰国後ほどなくして創設した「オーケストラ・リベラ・クラシカ」と同様、妻の美登里は声楽アンサンブル「ラ・フォンテヴェルデ」を結成した。どちらも最近一五周年を過ぎたところである。声楽アンサンブルとは文字通り声で創る室内楽で、いわゆる「合唱」とはまったく異なる。今までの日本には、プロのレベルのものは殆ど存在していなかったといっても良い、まだまだ未開拓の分野である。

彼らの活動の中心になっているのはモンテヴェルディのマドリガル集である。《オルフェオ》《ポッペアの戴冠》などのオペラや《ヴェスプロ（晩禱）》など、専《もっぱ》ら大規模な作品で知られているモンテヴェルディだが、彼が長年にわたって書き続けていたのはマドリガルであった。ラ・フォンテヴェルデは全九巻あるこれらの全曲演奏・録音シリーズを始め、これを書いている時点でも進行中だが、あろうことかあるまいことか、その録音のディレクターを私がしているのである。

録音にはそれ専門の教育と訓練を受けたトン・マイスターと呼ばれる人がいて、録音全体を進めていくのが一番「まっとう」な方法であろうが、何処も同じ諸事情もあり、いつもそうとは限らない。誰もいなくて、機械やマイクのセッティングから何から何まで全て演奏者がやってしまうという極端な例もある。私達の場合、妻はもちろん、他のメンバーも録音エンジニアも皆親しい間柄ということもあり、何とかなるだろうかと始めたのであった。

多声部を聴くことは指揮している時と同じなのだが、ヘッドフォンからの音のみで姿は見えず、また楽器の音ではなく「声」であり（通奏低音が加わるものもあるが）、言葉が付いているものを聴いてどこがどうなっているかを判断して適切なアドヴァイスをし、音楽の流れやメンバーの疲れ具合なども考えながら、そしてもちろん後ほど編集するときに十分な素材があることを確認しつつ、予定の日程内に全て終わるように録音を進めていくのは簡単な仕事ではない。それに加えて難しいのは、ア・カペラ（歌のみ、器楽なし）の曲でピッチが保たれているかどうかという点である。チューナーを手元に置いているとしても、それでピッチをチェックしている間音楽は本当には聞こえない。

弦楽器のように5度に合わせられた開放弦などないにも拘わらず、歌手は頭の理解と音感、身体の感覚などを駆使して音程を保っている……のだろう。そもそも楽器弾きにとっては、歌手という「生き物」がなぜああいうことができるのか、いろいろな意味において理解できないことばかりだ。ましてや五人も六人もが集まって音程や音の勢い、表現などが見事に合ったときその驚きはこの上なく増して、感動するばかりである。そもそも不思議なことに、人の声の集まりは、ただ三和音がぴったりと合って続いているだけでも相当な感動を呼ぶもので、楽器ではこうはいかない。声にはヴィブラートがかかっているのが当たり前と思っている人も多いが声楽アンサンブルの場合は別、ヴィブラートがかかることで失うことの方が、得られるメリットより遥かに多い。一つずつの声部が揺れていては、和音も音程の面白みも消えてしまう。ここぞという音のピークに揺らしたくなる感じは重々解るのだが、それをやったらオシマイである。

音程や音色もさることながら、マドリガルにとって何といっても重要なのは歌詞である。モンテヴェルディは、歌詞の意味を強調するためには敢えて不協和音を用いる作曲法を編み出し、「第二の作法」と名付けた。時にそれは強烈なものであり、何も意味を知らないで聞いている人でも、「いったいここは何を言っているのだろう」と訝《いぶか》しまないではいられない。彼が作曲に用いた詩はグァリーニやタッソ他、当時大人気を博していた詩人によるもので、その内容がモンテヴェルディの音によって色付けられ深められてゆくのである。いろいろと聴いているお陰で、別に流暢《りゅうちょう》に話すわけではない私の脳裡にもイタリア語の単語や言い回しが幾らか刻まれるようになった。もっとも、記憶に良く残る言葉は、「死」や「痛み」など穏やかならざるものが多いのだが。

和音が美しく調和し、また強烈な不協和音がきしみ合う中でそのような言葉の子音が飛んできたり、母音の移り変わりが色彩の変化のように聞こえて来たりする、それは声楽アンサンブルならではの醍醐味であり、楽器のアンサンブルとはまた違う。モンテヴェルディや、またその独特な作風で知られるジェズアルドなどの作品に現れる不協和音には、現代人の耳にとっても驚くほど斬新で強烈なものがある。その緻密・親密な構造と溶け合い方、そしてその全てが言葉となり詩となって訴えかけてくる点において、これは弦楽四重奏をも上回る存在かもしれない、と思わざるを得なくなってきたのである。

ひょっとすると私は、モンテヴェルディの全マドリガルを、その製作過程から聴くという、稀有な経験をする最初のチェリストではなかろうか。仕事の難しさや責任は感じつつも、まだまだ知られているとは言い難いこの宝の山を次々と聴き知ってゆくのは幸せと言うほかない。

第Ⅲ部　通奏低音弾きの師

井上頼豊先生

楽器の習い始め方は人それぞれである。兄弟姉妹や友達がやっているから同じ先生に、ご近所だから、知り合いだから……といった気楽型や、将来専門家になることを考え、有名な先生の評判を調べて……といった真剣型などいろいろな形があるだろう。

私は三歳の頃、まずヴァイオリンを始めた、と言えるだろうか。先生のお宅はそう遠くではなかったと思うが厳しい方で、とにかくまず本人に合った顎当てを作らなければいけないと言われ、母が楽器屋へ行って何だか作らされたようだ。そして最初の数回のレッスンはとにかくE線とA線の開放弦を右手で弾くのみ、ミーラーミーラー……とやっているうちに楽器を支えていられず、段々下の方へ下がってグタ～～っとなってしまったことは僅かに覚えている。三カ月も経たないうちにリンパ腺が腫れ、ヴァイオリンはそれで終わりとなってしまった。果たして私はD線とG線を一度くらいは弾いたのだろうか。

四歳からは兄と共にピアノの先生のところに通うことになり、これは五年ほど続いた。先生は桐朋の一期生、なかなか厳しく教える方であった。それは良かったはずなのだが、暫くして私はそこから逃れたく、九歳になった頃やっぱり弦楽器がやりたいと言い出した。実は、先生の家の匂いが嫌いだったのである。もちろんそんなことは精神的なものでもあり、指遣いが守れないとかきちんと弾けないとか、厳しく言われるのがイヤだから家の匂いも嫌いになったということだろう。しかしそのことを先生は真面目に受け止め（匂いのことは言っていない）、「九歳でヴァイオリンはもうちょっと遅いし、男の子だし、チェロはどう?」と水を向けて下さった。当時はまだ、チェロを学ぶ女の子はそれほど多くなかった。そしてさらに、大阪の相愛学園へ教えに来られる齋藤秀雄先生に会えるように取り計らって下さったのであった。

相愛学園の最上階にあったホールで学生オーケストラの授業が始まる直前、ステージには人が集まり始め、様々な音がしつつあった。その薄暗くほこり臭い客席で出会った齋藤先生の第一印象は、正直なところすこぶる悪い。緊張気味に立っていると、ジロジロと人を上から下まで睨《ね》め回し、嗄《しわが》れ声で「手、見せてごらん」とひと言。おずおずと出した左手をぐいっと引っ張ってまたジロジロ、まるで人買いの品定めのようである。そして「まあ、そろそろ始めてもいいだろう」となったのであった。

しかし先生は母に、週に一度私を東京へ寄越すように言われた。その申し出はちょっと考えられない程手厚いもので、自分が新幹線のホームまで迎えに行ってあげる、一晩家に泊めて、次の日レッスンの後またホームまで連れて行ってあげると言われたのであった。しかし、それは新幹線が走り始めてから間もない頃のことで、私の頭の中にはまだ「シンカンセン」という言葉はなく、「夢の超特急」だと思っていたくらいの時期であった。ヴァイオリンが一〇分も支えていられなかった頃より少しはマシだっただろうが、何かと言えばお腹を壊し、身体は細く弱かった私の状態もさることながら、うちにはとてもそんなことができる財力はなかった。そんな事情から、月に二回やはり相愛学園に教えに来られる井上頼豊《よりとよ》先生を紹介していただいたのだった。齋藤先生は、「でも井上さんはね、自分に才能があるから教えるのは下手だよ」とぶっきらぼうに言われたものだ。少なくともこの一点について、齋藤先生の「人間の見立て」は当たっていなかったと言っておこう。

そんなわけで教えていただけることになった井上先生に出会ったのは、小学校三年生の三学期が始まった一月のことだった。相愛の小さなレッスン室に行くと、ピアノの上に小さなチェロが置いてあり（その頃にはとても大きく見えた）、それが自分の楽器になるというのはちょっとした驚きであった。その帰り道以来大人になるまで、母はただの一度も私の楽器を持たなかった。「自分の楽器を自分で持つのは当たり前でしょう？　いやならやめなさい」と言う。もちろん先生がそう言われたからだしこちらもそれで文句はなかったが、始めた頃は殆ど自分の身長と同じくらいだったから、それから一生続く重労働を文字通り背負い込んだようなものであった。小学校の口性ない友達に何度も「チェロが歩いてる〜！」と嗤《わら》われたものだ。しかしそうやっているうちに楽器弾きの身体はその楽器に合わせて作られてゆくのである。近頃は親が手伝ったり持ってやったりするのを多く目にするが、それはまったく子供のためにならない。

子供はなかなかじっと座っていられないものだが、指も身体も弱かった私はことさらにそうで、弾くことにも時間がかかり、普通一年少しで通り過ぎるはずの教本に二年半ほどもかかった。先生はまことに丁寧かつ厳しく、そして実に根気強く基礎を教えて下さった。それこそは後々の、そして今の宝物となっている。その頃の井上頼豊先生は五十代半ば、今の私よりも若い。さぞかし、一体どうやってこのボウズをまともにすりゃいいのか、と思いあぐねられたことだろう。

チェロを弾くとき、鉄則中の鉄則は両手の親指を丸く曲げておくということなのだが、指が弱い間はなかなかできない。突っ張ったままで弾いている大人、プロも実は大変多いが、突っ張るのと丸くするのとを比べれば、音の違いは歴然としている。先生は最初のレッスンから約一〇年間、「親指を曲げて」と事ある毎に言い続けられた。ある日、あれは大学二年の頃だったか、ふと「あ、曲がってる」と、自分が親指を丸くして弾けるようになっているのに気づいたのを今でも覚えているが、それは偏《ひとえ》に、先生の根気が作られたものである。

子供の頃の想い出の一つに、一度自宅でレッスンがあり、その後一緒に食事に出かけたことがある。神戸の街中にロシア料理の店があって、先生はそこへ私と母を連れて行かれた。シチューのカップの上にパイ生地の帽子が乗っているような料理が出てきて、「ロシアにこんなものはないんだけどね」と苦笑されていた。

食後「もう一軒お連れしたい場所がある」と言われて珈琲店に行った。「茜屋《あかねや》珈琲店」は、中にガス灯があるカウンターだけの店で、クラシック音楽がかかり、コーヒーがせいぜい一五〇円ぐらいだった頃に三九五円も取り、おつりの硬貨が全部ピカピカ、その人の服や雰囲気に合わせてカップを選び、客の目の前でまだ当時珍しかったドリップを使ってコーヒーを淹《い》れる、洒落たというよりは凝りに凝った店であった。先生がチェロを持って入ってきたのを見て、店の主人はさりげなくレコードをチェロのものに替え、鮮やかな手つきでコーヒーを淹れたものだ。先生の、ちょっとすするような感じで珈琲を飲む口元が今も思い出される。その店は今もあり、ＣＤではなくレコードの柔らかな響きが珈琲の薫りと共に店を満たしているが、ガス灯は残念ながらもう使われていなかった。

そんな先生を、私は大いに落胆させたことがある。子供の頃から指揮という仕事には興味があったのだが、高校三年生の時指揮のレッスンを受け始め、大学二年辺りには、指揮とチェロ、どちらを自分は本業としてやりたいのか良く分からないほどになっていた。どちらも捨てられるものではなかった。おそらくそんな状態を先生は見抜かれていたのであろう、ある日のレッスンで「君は指揮者になりたいのかチェロ弾きか、どちらかね?」と尋ねられた。その時、こともあろうに私は「指揮者です」と答えたのだった。先生はどう感じられたことか。飼い犬に手を噛まれたようなものだっただろうか。「そうか……」と言われたあと一瞬の沈黙、様々な想いが凝縮されたあの時間は今も忘れることが出来ない。しかし先生は、「指揮者になるにしても、せめて《ロココ》ぐらい弾けるようになっていなければ誰も君の言うことを聞かないよ」と、指揮をするためにもチェロをきちんと学ぶことの大切さを教えて下さり、その場で破門とはならなかった。お陰で私はチェロへの興味が以前よりも高まり、しかもその後、「古楽」というものと出会った私は、結局今に至るまでチェロを止めることはなかった。

「古楽」との出会いは強烈なものだったが、指揮のレッスンや当時のオーケストラの授業などでやっていたこととは水と油ほどにも違うと思うことが多々あり、これを同時進行することは不可能に思われた。そこで私は、大学三年生の終わり頃、「一応手は動くようにしていただいたし、何をするとうまく行かないかということも教えていただいた。スコアの読み方も一応覚えた。この技術はきっといつか役に立つときが来るだろう。しかし今はこの『バロック』ってヤツを勉強しないではいられない」と、今度は「指揮」の方を横に置くことにしたのであった。

卒業試験には、「せめてそれぐらい弾けなきゃ」と言われたチャイコフスキーの《ロココ風変奏曲》を弾き、またその前年秋のコンクールでは、本選にシューマンの協奏曲を弾いてなんとか一等賞をいただいた。その頃（おそらく今も少しは）、古楽とかバロックなどというものはマットウな道から外れたもの、下手なヤツが触るものだといった雰囲気がとても強かった。そうじゃない、これは必要なのだ、それがあるから音楽が出来るのだと主張するためには、嫌いなコンクールも受けなければ、そして入らなくては、と思っていた。試験が終わったとき先生は、「とにかく、面白かったよ」とひと言、そしてコンクールが終わったときには、「いつもそれくらいさらっていればもうちょっと上手くなったのに」と言われた。そう、先生はとにかく褒めない。

音楽学校には卒業演奏会というものがあるが、私は多分桐朋学園初の、卒演でバッハを弾いた無謀者である。《無伴奏チェロ組曲》第5番の調弦を楽譜の指定通りにする（通常と変える）ことは今でこそ当たり前の了解事項になっており、普通の調弦のままで弾こうとする人は不勉強か時代錯誤と思われても仕方ないところまで来ているが、私が学生の当時、そうしている人はプロの中に殆ど皆無だった。そこで、時間の関係から抜粋の三楽章ではあったが、私はそれに挑戦することにした。第5番はまた、六曲の組曲中唯一フランス風趣味で作曲されたもので、付点リズムの扱いなどいろいろな特徴がある。やっと大学を卒業するという頃にそんな演奏習慣がまっとうに出来たはずもないが、とにかくやってみたい、やらねばならぬという思いであった。そして、演奏会で弾くのに一度もレッスンを受けないのもあんまりだろうと思い、意を決してレッスンに持って行った。

それでなくても、その頃の私はあまり人のしないことばかりやっていた。ハイドンの協奏曲には殆どヴィブラートをかけず、試験前の発表会では、道すがら電車の中で考えたカデンツァを弾き、「きみ、幾ら何でもあれは短すぎるよ」と先生が言われたので、試験の時にはもう少し長いものを作曲して弾いたが、そんな試みをする人は周りにいなかった。私は今に至るまで一度も人が作ったカデンツァを人前で弾いたことがなく、また自作を書き留めたこともない。もちろん曲自体も人が作ったものではあるが、自由な即興性が期待されるカデンツァの部分に、人が作り楽譜に書かれたものを弾くのは、どうも何というか、人の褌《ふんどし》で相撲を取るようなものに思えてならないのである。

現代曲の初演や邦楽器とのコラボレーションなどもやっていた。古楽という、古い時代の音楽の新しい演奏法に強烈な新鮮味を感じるいっぽうで、たった今できたばかりの曲、まだ完成していない曲などを音にし、作曲者が目の前にいる状態は負けず劣らず新鮮だったはずだが、楽器を「普通」に弾くことが少なく、奇妙な技法ばかりが並んでいるタイプの曲には段々飽きてしまった。感心はしても感動がなかったのだ。今も私は、いわゆる全く無調の音楽や口ずさむことの出来ない音楽にそれほどの魅力を感じないでいる。

学校の休暇を挟んでいたとはいえ、室内楽に没頭してレッスンから長く遠ざかっていたことがあった。前にも書いたように、七つのアンサンブルを同時に引き受けていて、朝は七時から夜一〇時まで様々なものを弾いていた。四カ月ぶりに行った先生のお宅の敷居はまことに高かった。

少し弾いたあと、先生は静かに問われた。

「何をやっていたの？」

「はい……室内楽をやっていました」

「そう」

それ以上何も聞かれなかったその沈黙が、ひしひしとのしかかってきた。

決して先生のレッスンをないがしろにしていたのではない。むしろその逆で、大学も終わりに近づくにつれてレッスンに行くのは大いに緊張を伴うものとなっていた。卒演にバッハを弾きたいという思いは強かったが、調弦を変え、およそ一般と違った弾き方を先生がどう受け取られるか、怖くもあった。


卒演を控えたそのレッスンで第5番のプレリュードを弾き終わった後、先生が口を開かれるまでの少しの時間、その沈黙は、室内楽ばかりやっていたときの話などとは比べものにならない緊張に満ちたもので、とてつもなく長く感じられた。暫くして先生はしかし、ただ「そう弾く理由は？」と聞かれたのであった。そこで私は、このプレリュードがフランス風であること、厳しいリズムであること、序曲風な音楽の三拍子部分は急速であること等々、自分の演奏が（当時の）一般的なテンポではないことの理由を説明した。言葉で説明できなければならない。その音楽について説明することは、同時に自分のやっていることの正当性を主張することでもあった。

話を聞かれていた先生は、「なるほど、分かった。だったら、例えばここの箇所は成功していない」というふうに、私の考えに沿って、演奏の隅々の技術的問題を指摘して下さった。私は、先生の話を聞きながら、身体の中のどこかで張り詰めていたものが緩んでいくのを感じていた。その頃、バロックとかコガクなどというものは邪道と決めつけ、自分が教えたのと違うふうに弾く弟子を叱りつける先生の話も数多く聞いていたので、自分の先生はそうではないと信じつつも、受け入れてもらえるのか、普通に話してもらえるのかと甚だ心配だったのである。その卒演でのバッハについて先生が何と言われたか、幸か不幸か覚えていない。

卒業と同時に私は先生のレッスンを終えることにした。その代わりに時々、レッスンと同じように時間を予約していただき、話をしに行った。演奏会その他の活動の報告をしたり、疑問に思う事を質問したり、様々な話題について先生の意見を伺ったりというものであった。そんな会話の中で日頃習っていたことの真意が解ることもあり、実に貴重な時間であった。

あるとき、話の中で「肘《ひじ》は一センチたりとも高すぎてはいけない」と言われて、内心驚いた。たしかに「過ぎては」いけないに決まっているが、恐らく私も含めて殆どの弟子達は「肘を高く！」と言われて育ってきたのである。もちろんよく考えれば、様々に変化する肘の使い方を身につけるためには高く保つための筋肉を作っておかなければならないので、子供の頃には特に「肘が低い！」と叱られることになるのだが、「肘を低くする」と言われるバロックの弾き方（それも誤解だが）を始めていた私には、先生の口から肘が低くあるべきと聞くのは新鮮であった。ヨーロッパにいたおかげで「君、この論文手に入らないだろうか」、「○○の楽譜手に入る？」と先生の役に立てることもあり、本当に幸せに感じたものである。

他の弟子達にも確かめてみたが、先生は、弟子のリサイタルには可能な限り来られたようだ。そしてどうやってか分からないが、とにかく最後の曲が終わって袖へ引っ込むと、必ずすぐ、決まって一番に現れるのである。一九九一年の九月、私は一五公演のバッハ無伴奏チェロ組曲全曲ツアーを行い、東京ではカザルスホールで二日連続だったのだが、関東地方は猛烈な台風に襲われ、初日は大雨、二日目は荒川が増水して各地で冠水、総武線などがストップするほどになった。そのせいで、両日とも完売していたが二日目は一○○人ほどもの人が来ることが出来ず、残りの人は暴風に抗《あらが》って来て下さったのである。その時も先生は最初に袖に現れ、「君、今日来て下さった方には本当に感謝しなければいけないよ」と念を押して言われた。それはもちろんのこと、先生もまた嵐の中を歩いて来て下さったのであり、感謝と、どうしようもない湿気との闘いと共に、今も様々なシーンが瞼の裏に蘇る想い出となっている。

その一連の演奏でいただいた賞の選考会で、故長谷川武久さんが「部屋は寒かったが演奏は熱かった」と言って下さったと聞いた。カザルスホールの空調で台風の湿気を取るには、ただただ冷やすしかなかったのだ。それでも実は全然取れなかった。お断りの貼り紙は出したが、まだガット弦のコントロールが十分分かっていなかった当時、ひどい湿気の中で演奏することは本当に難しかったのだ。それでもなお、たくさん音がひっくり返ってしまい、本当に申し訳ないことをした。

チェロを持った第一日目から大学卒業までの約一三年間に教わったことは数知れないが、先生はレッスンで殆ど自分の楽器を使われなかった。子供の頃は関西だったので、持っておられなくても仕方ないかもしれない。しかしご自宅のレッスン室でも、スペースの問題もあるとはいえ、殆どいつもピアノの横に座っておられて、自分の楽器で弾いて見せることはされなかった。生徒の楽器を取って弾かれることはしばしばあったので、生徒達は自分の楽器の上で、どこがどう違うのかを見つけることになった。

思い返してみると、先生は自分がお手本という名の「壁」になることを努めて避けておられたので、楽器を使わないことも意図的であったに違いない。よく「学ぶ」は「真似る」からといわれるが、私達井上門下生は目の前のお手本を真似るのではなく、何をどう求めるのかという音楽的姿勢、いわば先生の背中を見て育ってきたのであった。

一度、コンサートを間近に控えておられた先生がレッスン後に拙宅で練習されたことがあった。外山雄三作曲の《こもりうた》、元は「チェロと大拍子とオーケストラのための小交響曲」で、「五木の子守歌」を題材にしたその第2楽章をチェロとピアノでできるよう、井上先生が外山氏に編曲を依頼されたものである。普段とはまた違った厳しい表情で、指遣いや音程のチェックをされるのを初めて見た。

そんなことでもなければ、「先生の音」は専ら、コンサートで聴くものであった。演奏会の記憶はたくさん残っている。日本初演も多くある先生のこと、コンサートの曲目には有名無名の作品・忘れ去られた作品・邦人作品など様々なものがあった。その多くは、思い出そうと思えばいつでも映像と音がセットになって蘇ってくる。

諸事情を経て二〇一五年から、そんな想い出深い先生の愛器を使わせていただいている。先生は新響時代の一九五四年からスチール弦を使い始めたと言われていたが、それ以前と同様にガット弦を張り、さらに先生の一世代前のようにエンドピン無しで弾いている。先生は天国で苦笑いされているかもしれないが、楽器は喜んでいるようだ。二〇一六年から私は、いわゆる古楽のチェロではなく、一般的な、「普通の」チェロも音楽学校で教え始めたが、さてそこで先生のように根気よくなれるかどうか。改めてよく思い出しつつ、学び直したいものである。

センセイとデシ

お琴や三味線、踊りにお茶、お花など、日本古来の「芸事」には家元制度があり、師匠がいて、そこに弟子入りして学ぶのが普通、少なくとも昔は普通だった。そういう環境の中で師匠と弟子の関係は時に非常に濃く、人生の殆どの時間、或いは家族・次世代にまでも影響が及ぶ。子供のとき学び始めたとして、大人になってもセンセイは死ぬまでセンセイのままだ。そのような歴史が影響しているのかもしれないが、西洋音楽を学ぶ場面においても先生と弟子の関係は特別であることが多く、ヨーロッパでの状況とはちょっと異なる。もちろんヨーロッパと一口に言っても様々であり、人によってはもちろん、楽器によっても国によってもかなり違うから大雑把に括りすぎるのはよろしくない。また一般的な楽器と古楽関係とでも違うことがあるようだが、それでもなお、単に自分の経験だけではない違いがあるように思う。

日本では、人をすぐにその肩書きで呼びたがる向きがある。ついでにもう一ついうと、家庭内などでは一番年下の立場から呼ぶので、「あなた」は「お父さん」に、そして「おじいちゃん」に変わる。歳を取るほど名前で呼ばれる機会が減ってゆくようだ。

さて、日本人が外国に留学して日本人以外の教師に学ぶとき、先生をどう呼ぶか、これは第一の問題だ。多分会社などでも、上司に当たる人をどう呼ぶか戸惑う人がいるのではないか。日本のようにセンセイ、つまり何語であれ“*teacher*”と呼びかけることはまずない。学校などで出会うのが朝であれば、その国の言葉の“*Good morning*”で良いが、それ以外の時間やレッスン中などが困る。有難いことに英語には、王室関係などよほど特殊なケースでない限り、二人称はYouで済む。呼びかけはSirだとしても、その後の文中ではYouだ。しかし独仏蘭等、多くの言語では二人称に「君」と「あなた」があり、動詞の活用もそれに応じて変わるので、主語を決めないとその先に行けない。もちろん英語にも助動詞を過去形にするなどの丁寧語はあるが、文法的にそんなに変わるわけではないから少しはマシだ。いや、知らないだけだろうか……。ドイツでは、先生には正しくHerrと呼びかけるのが普通と言われるし、フランス語ならMonsieurとも言えるだろう。先生の年齢、自分との年齢差によっても呼び方は変わり得る。そんなことは日常会話から考えて当たり前なのだが、とにかくセンセイと呼ぶことで全てを済ませてしまっている日本人にとっては、これがなかなか厄介なのである。もちろん日本語には、その後に続く丁寧語・謙譲語の嵐という難しさがあるけれど。

これは私の問題だった。オランダへ行った時、ビルスマ氏を何と呼ぶか、これに困ったのだ。オランダの、特に古楽関係の人達の間では皆、人の名前（名字ではなく）を親しく呼び捨てにし、代名詞も「君」にあたるJij（ドイツ語のDu, フランス語のTu）で話すのが普通である。日本でそうすることを考えると……例えば安川加寿子女史のことをカズコ、江藤俊哉氏をトシヤと呼ぶようなものだろうか。考えただけでもオソロシイ。まあ、半ばアメリカ人のような小澤さんなら、親しい音楽家はセイジと呼ぶだろうが、私はできないし、一般的に敬称無しで先生に呼びかけることは、日本ではちょっと想像できない。しかも、ビルスマの名前はAnnerという。良く知られた女性の名前に「アンナ」があり、彼が男性か女性かということはヨーロッパ人でも間違える。私はその昔、ラジオで初めて彼の演奏と名前を聞いた時、「おお、オランダにはスゴい女がいるんだなぁ！」と思っていた。かく言う私の名前もまたしょっちゅう女性と間違えられる。実は奇妙な共通点を持つ師弟関係であった。

話は逸れるが、NHKはどういうわけか、しばらくの間「アネル」と呼ぶことに決めていたようだ（昔聞いたときにはアンナーと言っていた）。まったくもって甚だ滑稽、馬鹿馬鹿しく非現実的である。いったいどこの誰がそういう御注進に及んだのか。どう転んでも彼の名前は「アンナー」である。もっとも、ヨーロッパ語の語尾に来る -er、-r 等をどの程度発音するかは時と場合によるもので、日本語に書き表すのは難しい。日本語の習慣も説明不可能だ。街の名前は「ハンブルク」、食べるのは「ハンバーグ」、アメリカで「サーキン」と呼ばれるドイツ系のピアニストは「ゼルキン」……枚挙に暇がない。アンナーをアネルと書くのは、例えば“*How are you?*”の発音は「ハウ・アルユゥ」ですというとか、Facebookを始めた人は「ザッケルベルク」ですと言っているのと同じぐらい耳に馴染まない。映画に出てくる冷戦時代のロシアのスパイか何かのようである。そもそもカタカナの発音で「アネルビルスマ」とか言われても、殆どおまじないの言葉か何かのようで、誰のことかさえ分からない。せめて「アンネル」と言ってくれれば理解される可能性もあるのに。もちろんそれは彼の名前に限ったことではなく、FMラジオで聴くどんなものでもそうで、バイオリン、ビバルディ、コレルリ……どれもこれも恥ずかしい。NHKの人々は、ヨーロッパでの音楽家の日常会話で「コレルリ」と言うだけで笑いが取れるということをご存知なのだろうか。何語であっても、人の名前はその人と、その人の属する社会がそうと認識するように呼ばなければ役に立たないし、失礼ではなかろうか。

日本人が外国に行ってよく嗤われるのはBとV、LとR、SとSh、FとHなどの発音が区別出来ないことだが（他にもいろいろあるが）、その中で、LとRは日本語にその別がないのである程度仕方ないとしても、他は日本人の口にもたいてい発音できるものだ。バイオリンの代わりにヴァイオリン、ビバルディではなくヴィヴァルディと呼んで何がいけないのだろうか。「唇を嚙む」ことは日本にもよくある……。中学校で始まる英語の授業ではこれらを区別するように教えるのに、発音がイノチのはずの放送局でそうしないのはなぜだろう。「“*She sells sea shells at the sea* shore"による変奏曲」なんていうものを誰か書いてはどうだろう。アナウンサーが曲名をどういうか聞いてみたいものだ。ふむ、そういえばディズニーシーなどというものもあった。英語を少しでも学んだ、或いは海外に住んだことのある人は、Seaをシーと呼ぶことには少なからぬ抵抗がある。

さてセンセイの名前に戻って、最初のうち、弟子達が回りで*Anner!*と呼んでいても私は*Mr. Bijlsma*としか呼べなかった。しかしシチュエーションによっては自分だけひどく浮いた感じになってしまう。はっきりは覚えていないが、一カ月以上も経ったあるとき、"*A…a..anner..?*"と何とか無理矢理声を押し出したものだ。もちろん彼は"*Yeah!*"といとも普通に応えてくれた。今考えれば、"*How can I call you?*"とか"*May I call you Anner?*"とか聞いてみればよかったのだが、そんなふうにセンセイに話しかけるのも躊躇《ため》われたのだ。何と言っても相手はあのビルスマなのだから！

一度何とか声が出てからは段々普通に呼べるようになり、今ではもちろんアンナー以外の何ものでもないが、誰でもかれでも親しげに呼んで良いわけでもない。総じて親しく呼び合うオランダの古楽関係、例えばブリュッヘンは比較的簡単にフランス！と呼べるのだが、レオンハルト氏は例外中の例外、オランダ人でさえもファースト・ネームでは呼ばなかった。うんと親しい人、つまり奥さんのマリーや家族、ブリュッヘンとビルスマなどは*Uti*と呼んでいたが、それ以外は、英語のSirにあたる"*mijnheer*"と呼んでいたようだ。あるリハーサル中にイギリス人のトランペット奏者が*“Hey, Gustav!”*と大きな声で呼びかけ、回りは一瞬凍り付いたそうだ。その時の彼の反応については残念ながら友人などからも聞いていない。

古楽関係者の親しげなのは良いが、時にはやはり分を弁《わきま》えないとしか思えない話もあった。いかにもオランダ人らしい現実的な観点と思って呆れつつ笑ってしまったことがあるが、ある学生が「だいたいセンセイをやっている人はね、才能があって学んだ環境もよくて、経験を積んで来てそこにいるんだし、その上私達よりずーっといい楽器とか弓を持っているわけでしょ？　上手くたって当たり前じゃないの！」と言ったのだった。ふーむ、たしかにそう言われればそうだが……だからといってそんなに対等な立場のようには振る舞えない、と思ったものだ。勿論、その学生はちょっとひねくれていたし、人に見えない多くの努力をしてその場にいるのかもしれない「先生」というものを素直に尊敬できなかったのだろう。しかし私はただ、先生のことをそういうふうに考えられるということ自体に驚いたものだった。

しかし良いこともある。オランダやベルギーの試験では大抵、終わってすぐに点数が出て講評が聞けるのだが、卒業試験を良い成績で終わったある奏者に、試験官をしていた同じ楽器の先生が*“Congratulations. Welcome, colleague!”*と呼びかけたのは感動的だった。彼は、「だってそうだろう？　学生っていうのは明日の同僚、あるいは音楽の良く分かる聴衆なんだから」と言っていた。もちろん日本でも同じ筈、しかしそのように気軽に、そしてある日を境に「センセイとデシ」を「同僚」に切り替えるのは容易くない。

ヨーロッパにいた時間と、日本に帰ってきてからの時間がそろそろほぼ同じになりつつあるが、段々「センセイ」と呼ばれたときに返事をするようになってきていることがイヤになる。最近亡くなった世界に冠たるバッハ学者、小林義武氏が学校でセンセイと呼ばれたとき、「私には名前があります」と答えられていたそうだ。新年度にはもう一度はっきり、自分はヒデミですと答えるようにしよう。残念ながら、名字の方は殆ど名前の役を為さない。

怠慢と廊下の得

音楽教育では、それぞれの楽器演奏とは別にソルフェージュ・和声・音楽史等の勉強が重要だ。声楽も含めどんな楽器を演奏するにしても、読譜力、和声の理解、そして歴史の理解がなければ進歩できない。

「ソルフェージュ」はフランス語で、楽譜を読む基礎訓練のことである。元々はソルミゼーションといわれるものから始まったもので、要するに楽譜という記号がどこの高さを示し、どういう長さの音を示すのかを理解することをいう。簡単に言えば、ト音記号の下から二本目の線はソ、でもどのオクターヴのソ？を理解することに始まり、音名や階名（ド・レ・ミ、ドイツ語のC、D、Eなど）を理解して楽譜を音名で歌うこと、ト音記号その他七種類ある音部記号の読譜等である。和声（ハーモニー）は、調性音楽においてその楽曲の筋書き、肉付き、色合いや味わいなどの全てであり、原初的な民族音楽などを除いて、和声無しにヨーロッパ音楽は殆ど存在し得ない。そして音楽史はしばしば無視・軽視されがちであるが、これを少しは知っておかないと和声も分からないかもしれないし、記号にしても時代や地方が違えば意味が変わることもある。まあ、世の中みんなが歴史小説や時代劇を好きとは限らないように、歴史への興味に程度の差はあるが、音楽を演奏するということは常に何らかの意味で歴史と関わっているのであり、人前で演奏するのであれば、ある程度のことは弁えておくべきである。

こういうことを白状して良いのか迷うところだが、音楽高校にいた頃、どうしても五分以上起きていられない授業があった。「古楽奏者」などと呼ばれるようになってしまった身としてはさらに恥ずかしいことに、それは音楽史であった。名誉のために名前は出さないが、目の前に五人いても五〇人いても全く変わらず静かで、一切音量もトーンもスピードも変わらないその先生の喋り方は、それでなくても眠いことが多い十代の若者にとっては抗いがたい催眠術のようなものであった。ぼんやりとした白昼夢のような記憶の中に「平行オルガヌム」とか「ノートルダム楽派」などという言葉が浮かんでは消え、また何か録音の音が思い出されるのだが、それは先生の話し方に負けず劣らず退屈なものだった。ただ4度の平行で音が動くだけ、これでも音楽なのか？という程度にしか思えず、また長3度が不協和音だったと聞いても、どうして？と思うだけであった。もっとも、概論的なその授業ではそれを具体的に説明する時間はなかったのだろう。

それから長い年月が経ち、オランダにいた頃のある日、妻が中世のアンサンブル音楽を家で練習していた。そこで初めて、私はそのような本当に古い音楽が美しいことを知り、また4度・5

度が純正のピタゴラス音律だと長3度がとても広くなって美しくないことなどを実際に耳で知ったのであった。「あぁ、これのことだったのか……」と遠い昔の眠さが、いや授業が思い出された。やはり本当の音、本当の声で聞いてみなければ生きた音楽史とはいえず、何も分からない。

しかし私が学校にいたのは一九七〇年代、そもそも平行4度で動くことがはっきり分かるように歌える（歌う）声楽家など皆無だったのではないか。何の音を歌っているのか分からない歌手は今もたくさんいるが、何と言ってもまだ「古楽」という名前さえ一般的には使われなかった時代である。授業で聞いたオルガヌムの録音は楽器によるものだったと朧気《おぼろげ》ながら記憶している。

ソルフェージュは和声と密接に繋がっていて、和声の理解がある程度ないとソルフェージュの方もうまく行かない。高校の最初のうちは先生の言われる単語が理解できないこともしばしばで苦労したが、幸い和声の授業との進みが速かったので何とか落ちこぼれずに済んだ。今どうなのかは知らないが、当時の桐朋学園ではソルフェージュが三つのジャンルに分かれており、音名で歌うこと（S）、ハーモニーの聴音（H）、メロディの聴音（M）という三つに対して別々に点数が付いた。まとめてSHMと呼んでいてグレードは6まであり、4以上にならないと大学を卒業できなかった。しかし、その中で「歌うこと」が最重要視されていたので、Sが4にならないとSHM全体が4とは認められない。全部4になるとSP4（special）と呼ばれていた。何がスペシャルなのかは知らないが、一番上、SP6の人の中には、バケツをガン！と叩く音を「聴音」

できる人とか、無調の曲を初見でどんどん弾ける人など、先祖は宇宙人だったのではないかと思いたくなるような人もいた。世の中事ほど左様に、才能は不平等に振り分けられているものだ。

そもそも楽器弾きという性格奥ゆかしい人間は、人前で大きな口を開けて大声で歌うなどということは恥ずかしいのだ。情緒豊かに揺れ動くティーンエージャーの男子学生ともなれば尚更である（副科声楽の試験で歌わされた時の、清水の舞台から飛び降りるような心持ち！　何を歌ったかは書かない）。それを毎日やっている声楽家という生き物は理解しがたい。大体、どうやってあんなに歌詞だけ幾つも覚えていられるのだ？　加えて、当時タバコを吸っていたこともあり、まともな声が出なかった私のSHMは4－5－5であった。中には4－6－6などという人もいたから、読譜がちゃんとできたとしても歌唱の訓練無しに正確に歌うことが難しいのは明らかである。

Sが4なら全体も4、聴音などのクラスも4のところに配属されるのだが、これが実に退屈なのであった。もちろん先ずは正確に歌えない自分が悪いのだし、たまたま担当された先生の問題かもしれないが、とにかく簡単な課題しかやらないのである。大人であれ子供であれ、授業であれ仕事であれ、与えられた課題が簡単過ぎれば時間の無駄を感じるものだ。特に音楽学校には、とにかくヒマさえあればさらいたい、さらう（おさらいする・練習する）に優先することはないという雰囲気があるので、退屈した時間はとんでもなく長く感じるものだ。初めのうちは「おや、今日は随分簡単だ。すぐできていいねぇ」などと思っていたが、そこからいっこうに発展しないので回を追う毎に疑問は大きくなっていった。そのうち戯れに左手で書き始め、それでも時間が余って、ついにはもう、その授業を落としても卒業できないわけではないということもあってサボり始め、教室から少し離れた廊下でさらっていた。しばらくすると、同じクラスの女の子が「あんたクビだって先生が言ってたわよ～」などと言いに来た。じゃあもういいや、とさらに勝手に決めて廊下での練習に励んでいた。今考えると相当不愉快な学生である。

ある日、いつものようにその時間廊下でさらっていると、すぐ近くの教室のドアがガチャッと開いて学生が顔を出し、中へと手招きした。楽器を持って来いという。ん？　いつも喧《やかま》しいって言うのか、うるさいなぁ……と半ば不安、半ばふて腐れて教室に入ってみると、そこはSP6のクラスであった。二〇人ぐらいいただろうか。少々薄暗い感じの部屋で教えていたのは何とアンリエット・ピュイグ＝ロジェであった。ピュイグ＝ロジェ女史は一九一〇年生まれのピアニスト・オルガニスト、パリ音楽院で六回首席を獲得した他ローマ賞も受賞し、同音楽院で伴奏法や対位法などを教えていた極めつきの大家である。もっともそれは後から知ったことで、その時には名前しか知らなかった。ピアノの前には学生が一人、その横に彼女が立っていた。

私が入っていくと彼女は楽譜を譜面台に置き、"*Can you play this?*"と言う。見ると、誰の作品か分からないがチェロとピアノのもので、無調の短い曲だった。そのクラスでは、ピアノ・パートに書かれた一見訳の分からない和音をどうやって瞬時に見分けて弾くか、という初見の方法を教えていたのだった。とんでもなくハイレベルなクラスである。見せられた曲のチェロのパートは幸いそんなに難しくなかったような気がする。ちょうど昼どきで授業が終わると、来週もここにいるかと尋ねられた。どうせ授業に出るつもりはなかったので *"I think so"* というと、だったら来週何か持ってくるから授業の終わりに来いという。

翌週、また授業を邪魔してさらっていたかどうかは記憶がないのだが、終わる頃部屋に行ってみると、授業が終わるや否や「おぉ来た来た！」という感じに彼女は喜んで「さあ、弾こう！」と楽譜を譜面台に置かれた。それはTansmanのソナタであった。Tansmanは一八九七年ポーランド生まれ、フランスで活躍した作曲家・ピアニストだが、その時には見たことも聞いたこともなかった。どう弾いたか、どれくらい弾けたかは覚えていないが、とにかく横でピュイグ＝ロジェおばさんが猛烈な勢いで弾いていたことだけははっきり覚えている。あの「猛烈」を何と説明したらいいだろう。とにかく何もかもが明瞭で、ものすごい勢いで喋っている感じであった。初見で余裕がなかったとはいえ、それは素晴らしく興奮する経験だった。

弾き終わると嬉しそうに顔を紅潮させて話しかけられ、Tansmanは知らないか、ギャロンは知っているか？　私の先生だ、アンセルメ指揮のサン＝サーンスの交響曲第3番でオルガンを弾いているのは私だ、とか、とにかく仰天するようなことを幾つか言われた。じわじわと、とんでもない人がここにいる、私はいったい誰と喋っているんだ？　この途方もなく元気な彼女は何歳なんだ？……と身体中の肌がぴりぴりしてくる感じであった。後になって少しずつ彼女の眩しいほどに輝かしい歴史を知り、私は毎週毎週誰の邪魔をしていたか思い知ったのだった。

来週もいるか？　だったらもっと他のを持ってくるよと言われたが、いや、いつもいるとは限らない……と退却した。きっと彼女は、いつ学校に行っても喧しいチェロがいるのに辟易《へきえき》し、どうやってあれを黙らせようかと一計を講じられたのだろう。まことにもって残念至極、毎週来るからもっと弾いてくれ！とその時言わなかった自分の不甲斐なさに返す返すも腹が立つ。

そのTansmanはそれ以来人前で弾いたことがないが、本棚のどこかに眠っているはずだ。探し出してもう一度音を出してみたい気もするが……。それもこれも、考えてみればソルフェージュの授業が退屈だったことから始まっている。だからといって投げ出した私の行為は褒められないし、退屈な授業をした先生に感謝するというものでもないが、人生何が得で何が損か、時が経たねば分からぬものである。

フランス・ブリュッヘン氏を悼む

二〇一四年八月一三日、あと二カ月半で八〇歳になるところだったフランス・ブリュッヘン氏が逝った。もう随分前から、その時がいつ来るかと世界が見守っていたようなものだから、突然の驚きではない。しかし、また一人、私達の生きている時代の最も優れた芸術家の一人がいなくなってしまった。その寂しさ、喪失感が日を追うごとに胸の奥にじんわりと広がっていく。

彼について語りたい想い出を持っている人は世の中に多く、いわゆる古楽という分野のみならず、およそ音楽と名の付く全てのジャンルにおいて、彼から影響を受けた人は数え切れない。彼の周りにいられた全ての音楽家は、何らかの驚くべきこと、忘れがたいことを経験したはずであり、私もまたそのような一人である。

リコーダー奏者としてのフランス、彼の音を実際に知っているということは今や宝物のようなものだ。彼の若かりし頃、その演奏を見たり聴いたりして一体どれだけ多くのリコーダー奏者が世界中に生まれたことだろう。日本にも何度も訪れていたが、長身痩軀《そうく》、長い脚を組んでやや俯き加減に座る独特のポーズ、大きな手と長い指で楽器を妖しげに揺らしながら吹くさま、驚きの音色と技術、言葉に尽くせない音楽性は、多くのファンを虜《とりこ》にした。とはいうものの、彼がリコーダー奏者として日本に来た頃のことを私はあまり知らず、記憶や想い出は主にヨーロッパに住むようになってからのことである。

イタリアの片田舎、パンパラートという人口五〇〇人の村の教会で行われた一晩のソロ・コンサートに、フランスはダブダブのニットのセーターとジーンズを穿き、夏の休暇の真っ只中にこんなコンサートをさせられるのは迷惑とでも言いたげな風で現れたのだが、聞き知っている曲が次々と演奏されるにつれ、独特の世界が創られていった。私はその村で行われていた講習会の講師をしていたので、終演後、主催者宅のパーティに同席したが、彼のすぐ近くにいたのにあまり話せず、キッチンでパスタを茹でるお湯が十分沸騰していなくて不味そうだったことがなぜか蘇ってくる。

その彼が四十代後半に始めたのが、世界中から年に二、三度奏者が集まる大所帯「18世紀オーケストラ」である。大所帯といっても四五人前後だっただろうか。そのモデルは一八世紀後半パリとマンハイムにあった大きなオーケストラであった。どちらも二〇~二四人のヴァイオリンに始まる大きなもので、それを大いに喜んだモーツァルトが交響曲第31番《パリ》を書いたこと、またハイドンが委嘱によって六曲の交響曲を書いたことはよく知られている。オーケストラを世界中の古楽のスペシャリストで構成するというフランスの夢は壮大であった。

「18世紀オーケストラ」は旅するオーケストラである。私が参加したのは出来て五年ほど経った頃だ。アムステルダムの古い教会で約一週間のリハーサル、その後一〇～二〇回近いコンサートのツアーに出かける。その間ずっと同じプログラム。同じ曲を何度も演奏するということに慣れていなかったので、最初はその事にまず驚いた。オペラや芝居、日本でも歌舞伎などでは同じ場所で何度も公演するのが当たり前なのに、音楽ではなぜか一度きり、一回に賭けるのが美しいことのように思われているが、そんな勿体ないことはない。

そうはいっても、移動してはコンサートを続ける日程は疲れるものだが、指揮するフランス・ブリュッヘンの音楽的エネルギーによって、私達は活かされていた。まず何と言っても、世界各国から集まる専門的な音楽家達を前に、交響曲二曲か三曲でそれだけのリハーサルを行い、言うべきことがあるということ自体が信じられない。その上毎回コンサートの前にもどこか必ず細かい注文がある。そしてそのリハーサルはいつも何か発見がある、かけがえのない時間であった。

一八世紀の音楽に必要な様々な約束事、フレージングやアーティキュレーションを指揮でうまく表すのはなかなか難しい。ブリュッヘンはその大きな手と長い指で、文章の句点に当たるコンマを指揮する不思議な方法を見つけ出したが、それは時に実に奇妙な動きであった。背は高いが丸めた背中に長い手足、衣紋《えもんか》掛けが歩いているようでもあるし、ぎこちない仕草、ホッチキスを留めているような仕草をすることもあり、批判的な意見を言う聴衆も少なからずいたのだが、奏者側、少なくとも私には常に、まさしくinspiringなものであった。そしてその頃は、毎回出会う度に指揮が急速に上手くなっていったのも驚くべき事であった。

私の知るところでは一度だけ、そのオーケストラのツアーで彼がリコーダーを吹いたことがあった。大編成をバックに、彼自身が編曲したバッハのコンチェルトを演奏したのだが、特にその緩徐楽章では皆、彼を後ろから見守り聴き入って、胸一杯の静かな感動がステージの上を満たしていた。

その時はフィンランドのヨエンスーにも行ったのだが、ツアー中の僅かな空き時間に「急流下り」を楽しみに行く時があった。どこの川だったのか、ロシアとの国境に近い辺りである。フランスをはじめ、名だたる音楽家達が皆オレンジ色の救命胴衣を付けて船に乗り込むのはとんでもなく滑稽な風景であり、そのうえフランスの怖がり方が人一倍で、みんなで笑ったものだった。そういえば彼は飛行機も怖くて嫌い、ヨーロッパ内など電車で行けるところはできるだけそうしていたそうだ。そんな彼が旅するオーケストラを作ったとは……。

楽団を去ってから一五年ほども経ったある時、ベートーヴェンの全交響曲を行う一週間程の香港公演があり、来られなくなったメンバーの代わりに参加することになった。午前中のみのリハーサルでは、未だにスラーを訂正したりアーティキュレーションを要求したりしていて、その細かさには驚いたが、ブリュッヘンはもうずっと猫背で座ったまま、やや退屈な雰囲気の時もあった。それをふと察知したのか、彼はやおら立ち上がり、フーっと両腕を拡げたかと思うと“*Come on*”という感じで大きな仕草をした。突如風が吹いたか魔法にかかったか、オーケストラは白黒写真がカラーになったかのように音が変わり、私は何か幻影を見ているような気さえした。まことに指揮者の仕事とは図形を描くことでも拍子を表すことでもなく、楽譜の奥や裏に秘められている何かを引き出して、言葉に出来ない稀有な時間を創り出すことなのだ。

二〇一四年の五月、フランスはデン・ハーグの音楽院を訪れ、学生達は18世紀オーケストラのメンバーと共に彼の指揮で演奏した。幸いにも、その時の様子の一部がネット上で見られるようになっている。若い学生達にとって、これほど貴重で夢のような時間はなかっただろう。己の持つエネルギーを何よりも先ず音楽のために使うのが真の芸術家、とはよく言われるところだが、それを如実に目の当たりにすることはそう多くない。

あの魔法のような時間をもう味わうことは出来ない。しかしそのスピリットは、彼を知る世界中の音楽家の胸の裡に生き続けているはずである。私達一人ひとりが新たな魔法を創るべく努めていかなければなるまい。素晴らしい時を与えてくれた彼の魂が今は安らかにいることを心から祈りたい。

二人のB

こう言ってはなんだが、オランダの景色は基本的に真っ平らである。「山と森」と呼ばれる、オランダで一番高いところがドイツとの国境近くにあるが、それとて海抜三四〇メートル程度で、海抜ゼロメートルやそれ以下の場所も多い。今や一大空港として有名なスキポール空港は殆どがマイナス四メートル、一八世紀の地図を見るとその辺りはみんな海である。国教であるカルヴァン派の敬虔なクリスチャンでも、「神様は天と地を創られたが、オランダは私達が作った」と冗談を言うくらいだ。

退屈といえば退屈だが、広がる緑に点々と牛が草を食んでいる景色は当たり前のようでもどこか心がのんびりするし、一面に広がるチューリップ畑が帯状に色を変えてゆくのは何度見ても見飽きない。春には子羊が跳ねているのが見え、羊は本当に跳ぶんだと可愛く思いながらも「ラム……」と少し舌なめずりする。デン・ハーグからアムステルダム方面へ向かう高速道路には運河の下をくぐったり、またスキポール空港近くでは滑走路の下をくぐったりする場所があり、うまくいけば飛行機の下をくぐり抜けることになって楽しい。一度本当にそれが起きて、飛行機の大きさに圧倒されたことを覚えている。

あれは18世紀オーケストラの公演の時だった。長いヨーロッパ生活を運転免許無しで生きていた私は、その日も友人の車に便乗させてもらい、車外のそんな景色を眺めながらアメルスフォールトという町に着いた。あれはどの季節だったか……。

リハーサル時間よりかなり早く着き、まだ誰もいなかったので、私はちょっと指ならしをしようとステージでバッハの組曲を弾いていた。すると、客席一番後ろの壁際を、いつものように猫背で摺り足のフランス・ブリュッヘンが歩いてきた。おっと、さらっているのを聞かれてしまうな……と思いつつ弾き続けていたら、彼はふと足を止めてこちらを向き、"*Hey, why do you...*"と近づいてきた。私が弾いた何かが気に入らなかったらしい。近くに来たがお互いすぐには説明ができずにいたら、彼も時間があまりないと思ったのか"*Would you like to play for me later?*"と言ったので、驚き、そしてわくわくした。

これはまあよくあることだが、日本の先生なら「レッスンしてあげようか」とか言いそうなところをヨーロッパの多くの人はそんな風に聞く。「あげよう」という、丁寧そうで実は上から目線の言い方に対し、こちらはあくまでも対等、むしろ自分を下げているぐらいで、日本人的思考・習慣からすると、大きな親切をオファーされていることが分からないぐらいだ。ヨーロッパに(アメリカも含めて)住んでいると、日常の付き合いがスムーズに行くには、嫌味にならず自然に、如何に自分を低く設定できるかということなのだと思う事がある。もちろん人により歳により立場にもよるが、私が出会った「スゴい人」達はみんなそのようであった。もちろんそれと同時に、スーパースター達は自分の立場をよく理解しており、それ以上下げると回りが困るということもよく知っているようではあった。そんなスーパースターの一人であるフランスがそう言ってくれたので、正直なところちょっとドキマギであった。彼は、18世紀オーケストラは自分の仲間と思っていたのかもしれないが、そもそも二回り近くも歳が違うのだし、まだまだ「レコードの世界だけで知っていた人が、目の前で生きて動いている！」という感覚から抜けきってはいなかった時だから、とてもとても、そう簡単に気易くは振る舞えなかった。

ゲネプロが終わって彼の楽屋を訪ねると「おお、そうだった」という感じで気易く招き入れてくれたのだが、古い建物でもあり、指揮者の楽屋といってもひどく狭かったので、弓がぶつかるかと思うほど目の前で弾くことになった。

組曲第1番のプレリュードを弾き始め、先ほど*Why?*と聞かれたところに来た。

それは二拍目の$F^{\sharp}$で、私はそこにちょっとした和声の動きの可能性を感じていたので長めに弾いていたのだが、彼は経過的に見ていたらしく、「そこはもう知られている和音だから」という意見だった。そしてその後に「聴衆の記憶を見くびってはならないよ」と言った。その後もう一カ所、「この二個目のG（三拍目）のところでそれは進む方向が正しいと確信する。だからそこからクレッシェンド」と言われた。

三〇分ほどもいただろうか。本番と無関係な音楽に費やす時間としては決して短くない。私にとっては今も宝物のような時間だが、なぜその時そんなことをしてくれたのか、今もって解らない。まだまだ18世紀オーケストラ・メンバーの面々には一種の遠慮を感じていた頃だったが、たまたま早く着き、ステージで弾いていたのが大いに幸いしたというわけである。

彼が喋っているのを初めてナマで聞いたのは、おそらく一九八〇年だったか、彼が桐朋へ短いレクチャーをしに来た時だった。彼はその時わざわざホワイトボードに音符を二つ書き、面倒くさそうに、「音が二つあったら、そこには必ず何か違いがある。稀に例外はある」と言った。それから「現代から遡ってモーツァルトへ辿り着くより、一度モンテヴェルディまで戻り、そこから下って着く方が遥かに良く理解できる」と言った。きっと他にも話はしただろうが、この二つは実のところ所謂《いわゆる》古楽、いや音楽全体に関して最も重要な点であり、それを彼はあっさりと、むしろぶっきらぼうに述べたのだった。

私が桐朋にいた頃、古楽関係では「シンタグマ・ムジクム」というグループをやっていたケース・オッテン氏と同グループにいたリュートの佐藤豊彦氏、ブリュッヘン、そしてビルスマがやって来た。どれもこれも一癖も二癖もある人達で、ただ真面目に聞いているだけでは彼らの真意は解らない。そもそも彼等は（いや、西洋人みんなかもしれないし、アジア人でもそうかもしれないが）、真面目な顔をしてとんでもないジョークを言ったりまるで反対のことを言ったりするから、真剣に聞いているとバカを見る可能性は大いにある。当然のことながら、こちらがマジメに聞いていればいるほど相手は茶化したくなるものだ。

一括《くく》りにするのは失礼だが、ユーモアやジョーク、笑いの精神といったものは、日本の外国語教育に一番不足しているものではなかろうか。いや、外国語に限らず日本語の会話そのもの、日本の教育そのものに不足しているように思う。かく言う自分にそれが幾らかでも備わっているか、甚だ心許《こころもと》ないが、結局それが解らないと、外国へ勉強に行っても先生の言うことが理解できない。

例えば今言ったオッテン氏は、そのレクチャーでバッハのトッカータを弾いた学生に「ピアノでもバッハが演奏できるとは、新鮮な驚きでした」などと真面目な顔をして言う。ブリュッヘンはインタヴューで「今後どんな音楽をしていきますか？」と問われて“*boring music...*（ツマラン音楽）”とつぶやき、横を向いてニヤッと笑って終わりだったこともある。そうかと思えば、レオンハルト氏などは「ピアノでバッハを弾くなどと言うのは不道徳だ」と喝破《かっぱ》してしまうので一切冗談など言わないかというと、とんでもない！　ちょっと書けないようなドキっとすることを、涼しい顔でさらっと言ってしまうこともあった。

ビルスマの話は半分ぐらいが冗談で、残りの半分はその準備のような感じさえあり、レッスンで最も大切なのは笑うタイミングを逃さないことだ。ベルギー人が近くにいるとオランダ人はすぐにジョークの言い合いを始める。それが時には本気の喧嘩のように見えて、何も知らない日本人は先生達の仲が悪くなったのかとヒヤヒヤするのだが、そんな周りの動きを見て愉しんでいることもしばしばである。私がビルスマに最初に習ったのはチェロでも音楽でもなく、ベルギー人とオランダ人のジョークであったが、それについて書き始めると別の本になってしまいそうなので止しておく。

ブリュッヘンの話に戻って、彼は常に「聴く者の心理」がどうなっているかを考えている人であった。「聴く者」とは、必ずしも眼前の聴衆のみを意味するのではない。私に助言をくれたバッハのプレリュードに限らず、オーケストラの音楽作りでももちろんそのような考えが窺《うかが》えるし、メンバーに対してもそうである。今我々（音楽）はこう言った、だから心理はこう動く、それに対して音楽はこう話を続ける、喜ばせる、沈静させる、裏切る……それによって、人は音楽を聴きながらストーリーを繋ぎ、構築してゆくことができるのである。狭い楽屋で言われた「人の記憶を見くびってはならない」ということは、人に何を記憶してもらうか考えるということでもあり、その心理が次に何を期待しているかを考えることでもある。ブリュッヘンの指揮する18世紀オーケストラはそれだからこそ新鮮に響き、今そこでストーリーが創り出されてゆくのを見る気がするのだ。

18世紀オーケストラは、そもそもフランスの音楽に共感した音楽家達が集まってできたものだ。特に管楽器のメンバーには元弟子だった人もいるし、そうでなくても管楽器奏者としてのフランスを大いに尊敬していたはずだ。指揮をするとき彼は、まるでどこかのパートを吹いているかのように息が出続けている。それがあの素晴らしい音楽の流れを造るのかもしれない。

あるリハーサルの休憩時間に、管楽器の何人かがフランスを囲んで談笑していた。その中でフランスが、自分の昔の録音をたまたま聴いたらあんまりひどくて吐き気がしたと話していたのだが、ひどいというその録音が、昔私達の人生にどれだけの影響を与えたか……本人を前にして「そうですよねぇ」とも言えず、一様に困って、笑うような笑わないような、どっちつかずの顔をしていたのが私は可笑しくて仕方なかった。

姿勢は悪いがとても背が高いフランスは、日本人のように小さな者が話しかけると"Ja～"と身体を折って近くに来てくれる。悪名高いチェーン・スモーカーの彼が近くに来ると、煙突の中に顔を突っ込んだようにすごい臭いなのだが、その話しかけ方は魅力的だった。あるときふと私の髪を見て「ヒデミ、随分白髪多いな……」と、あの大きな手で私の横鬢を撫《な》でた。「家系か？」と聞かれ、自分もだと言っていた。突然頭を撫でられて、自分が子供のように感じた一瞬だった。

強烈な個性と素晴らしい音楽性をもったブリュッヘン、彼との出会いによって人生が大きく変わったという人は世の中に多いだろうと思うが、私にとって彼は、バロックという「古いもの」に関して大切である以上に、古典派、ベートーヴェン、大規模オーケストラ、そして指揮等に関して得たものが計り知れない。学生の頃に指揮の先生はもちろんいたが、この音楽、この音色を作るためにどうするのかという、突き詰めた現場に居合わせられたことはこの上ない僥倖《ぎょうこう》であった。

とはいうものの、フランスはいわゆる「上手な」指揮者ではない。少なくとも、彼の指揮で弾いたことのない人々には、上手だと思われていない。私が18世紀オーケストラで弾き始めた頃には「なんだあの指揮は⁉」「ぎくしゃくして硬くて不自然！」と随分な不評も耳にした。たしかにもともとの痩身長軀、手足も指も長く、やや猫背で姿勢が悪い。その指は時に指揮棒をもたなくても十分というほどに長く見える。しかも、彼はいわゆる「指揮法」にはないこと、つまり一八世紀の音楽に不可欠なアーティキュレーションを表そうとしていたので、客席側、つまり後ろから見ると何をしようとしているのか判らないこともあっただろう。

アーティキュレーションとは句読点のようなもので、簡単にいうと、文の終わりと次の始まりとを区切るということである。例えば、小節の最後の四拍目が文の終わりだとして、次の一拍目との間には、メトロノームにはない微妙な時間が小節線の「上に」存在し得る。いつもではないが、しばしばそれがなければならない。四拍目を長くすると間延びするが、メトロノームどおりイン・テンポで次に入ると急いで聞こえる。その微妙な「間」を表そうとして、フランスは長い指をまるでホッチキスで綴じるかのように動かしたり微妙に次を待ったりと苦労していたのである。

意図が分かったとしても、オーケストラというものは結局指揮者が見えたように動くものである。ぎくしゃくしていればそういう音になるし、待てと言われても手が待っていなければ先に出てしまう。時々「フランス、分からないよ！」と声がかかるときもあった。

また、指揮者の手というものは、振り始めた高さまで戻ってくると予測するのが普通で、最初よりずっと高いところで一拍目の「点」を指揮しても反応しにくいものである。これについては一度、「フランス、始めたところへ戻ってきてくれませんか」とお願いをしたことがあった。「フムフム、君の言うことは分かった」という顔をして彼は聞いていたが、そんなことは音楽が始まったらすっかり忘れてしまうものだし、コンサートが始まればこちらもそんなことは忘れていた。

しかし、あれは《パリ交響曲》の第2楽章だったような気がするが、本番の途中にふとそのことを思い出したらしく、私の方を向いて「これでいいかい？」という感じに手を下ろし、ニヤっとした。「そんなこと今どうでもいいですから！」と叫びたい思いだったが、思い出してくれたことは嬉しくもあった。

私が参加した頃は、フランスと18世紀オーケストラが次々と新しい曲に取り組んでいく時期でもあった。彼の指揮は見る度に飛躍的に上手くなり、説得力を持つものになっていった。日本人の指揮者が気にする「図形」などというものは大してクリアではないが、その音楽の求める雰囲気と言おうか、曲そのものになりきってしまうような、魔法の力が彼にはあった。総じてコンパクトで、殆どはその大きな手だけで指揮しているようなものだが、時に大きなジェスチュアと表情が圧倒的で、ギリシャ彫刻が動くのを見ているようだと思ったこともある。

彼は左利きで、指揮のいわゆる「拍」はおもに右手でやっているが、実は左手の表情が豊かではるかに多くのメッセージを発信していた。座る場所によって指揮が見えにくい時でも、左手が見えていれば大丈夫、右だけしか見えないと不安に感じたものだ。私はとにかく、このとんでもない人が次は何をするか、何を言うかと興味が尽きず、いつも一挙手一投足に目を向け、いろいろ解らない言葉があっても何とか聴き取ろうとしていた。

ヨーロッパの、特に古楽関係の団体では日常茶飯事だが、リハーサルにはオランダ語や英語にドイツ語フランス語イタリア語……いろいろなものが混じる。そのことは18世紀オーケストラより後に私が参加し始めたベルギーの「ラ・プティット・バンド」ではもっと顕著で、一五〜二〇人のメンバーで国籍が一〇以上などということもざらにあり、さらにスペイン語と日本語も加わって、結局そこにいる誰も、全ての言語は話せないという一種愉快な状況になっていた。

18世紀オーケストラは、最初のうちAmstelkerkというアムステルダムの古い教会で練習をしていた。内部は木造ですこぶる質素、しかし響きは良かった。フランスはそこへ、ダボダボのセーターにダボダボのジーパンを着て、オランダに典型的な黒く大きな自転車でゆらゆらと来るのだ。世界のスーパースター音楽家が自転車で街を走り、誰もそれを気に留めない……オランダは不思議なところだと思ったものであった。

あれは前述の《パリ交響曲》のリハーサルだったと思うが、チェロ・バスは第3楽章の展開部にかなり長いお休みがある。一、二……と数えながらも、フランスが何を指示するか、どんな指揮をするかと気になって、私は彼のことをずっと見ていた。スコアを見て音を聴きながら軽く手を動かしている感じだったフランスが、ふと視線を上にやったので私もつられて目を上げた。すると目の錯覚か、教会の高い天井からぶら下がっている大きな丸い電灯がふーっと上へ昇っていくような気がした。ん？　そんなバカな、目まいかなと思った瞬間、今度はその電灯がさっきより速く、ヒューッと落ちてきた。とっさに身体を斜め前にねじ曲げたところ、私とすぐ後ろのバスーンとの間の一メートルもない隙間にガッシャーン！と落下したのである。本当にぎりぎりのタイミングだった。辺りは騒然、リハーサルはもちろん中断した。

古い教会でガタが来ていたから、ではない。実は二人組のイタズラ小僧がどこからか屋根裏に入り込み、多分歩き回っているうちに電線を見つけたのだろう。こりゃ何だ？と引っ張り、意外に重くて諦めたかそれに飽きたか、手を離したので電灯が落下したというわけだ。あれがもし五〇センチ前に寄っていたら……私はこんな本を書かないで済んだかもしれないし、後ろに寄っていたら貴重なバスーンとその奏者を失うところであった。フランスを「観察」していたお陰で命拾いしたようなものである。

そういえば、ハイドンの《ロンドン交響曲集》の一つ、第96番は《ミラクル》と呼ばれているが、それはシャンデリアが落ちてきたにも拘わらず誰も怪我しなかったというエピソードによっている（本当は１０２番の時に起きたらしい）。私にとっては、あれ以来モーツァルトの第31番《パリ》こそ、実体験付きのミラクル・シンフォニーとなった。私とバスーン奏者も命拾いしたが、イタズラ小僧の方も警察に突き出されずに済んだのは奇跡だ。

さて、私がオランダへ勉強に行くきっかけとなったチェロの師、アンナー・ビルスマもまた、その昔フランスに声をかけられて「古楽」を始めたのであった。アンナーは一九五九年にカザルス・コンクールで優勝、六二～六八年はアムステルダム・コンセルトヘバウ・オーケストラの首席を務めており、日本にはそのメンバーとして来日している。

その頃を振り返ってアンナーは、「オーケストラではね、皆いつもどうやって大きな音を出すかということばかり気にしていて、私は退屈していたんだよ」と言っていた。ちょうどその頃、フランスは通奏低音を弾いてくれる人を探していて、アンナーを誘ったということらしい。レオンハルトを加えた「夢のトリオ」はこの頃に始まったのだろう。

このトリオを、私はデン・ハーグの教会で聴いたことがあった。三人揃うのを聴く機会はなかなかないので、本当にラッキーであった。うわさによると、彼らはいつも世界のどこかからコンサート当日にその場所へ来て出会うらしい。もちろん、曲目などは決まっているのだろうが、その日しか合わせない。そして終わったらギャラは絶対三分の一ずつ山分け、そしてまたどこかへ飛んでいく。これは本人達から聞いた話ではないが、あるとき、いつも同じ曲ではつまらないというので、プログラムに書かれたのと全く違う曲でコンサートをしたことがあったそうだ。そうしたら主催者が「契約書と違う」といって一文も払わなかったという話である。それでも客はきっと喜んだだろう。もちろん主催者も！

この組み合わせで、バロック愛好家ならきっと知っているフォンターナやカステッロ、コレッリ等々のソナタ、またフレスコバルディのチェンバロ・ソロ他、いわゆる定番の名曲の数々をナマで聴いたことがあるのは、もう今となっては宝物である。そういう「音の記憶」という宝物はとんでもない価値があるのだが、幸か不幸か「ほら、こんなにすごい！」と取り出してみせられない。レコードやCD、ヴィデオなどは皆、それに似通っているのみで、そこにいて聴いた記憶はまるで違う。音というより、いわば全身、五感・六感全てが混ざった記憶なのである。

アンナー自身も、そんな彼らと素晴らしい経験を数多く共有していたに違いない。そう多くはないが、時々レッスンで彼らのことが引き合いに出されることがあった。何かの曲で、ゆっくりと長いスラーを弾かなければならず苦労していたとき、彼は微笑んで「ヒデミ、管楽器奏者はみんな、息が足りないとかどこで息を継ぐかといって苦労しているだろう？　フルート吹きやリコーダー吹きは大抵『ここでブレスするから時間が要る！』とか言うものだけれど、フランスは一度もそういうことを言わなかったんだ。それであるとき彼に *"Frans, how do you take breath?"* と聞いたら、彼が *"I don't take breath. I make breath"* って言うんだ。だから私たち弦楽器弾きもね、*"OK, We make bowing"* といこう！」と話してくれたのであった。そう言われたからといってすぐ出来るわけではないが、心の準備ができて身体がリラックスしていれば、作曲家によって書かれた多くのスラーはその通りのボウイングで演奏できるものだ。

いつも思うツマラヌ議論に、「スラーはボウイングという意味ではない」というのがある。もちろんそうかもしれないが、スラーは何らかの言葉遣いや繋がりを表しているのであり、そこに期待されている滑らかさを一番良く表現できる方法はスラー通りの弓で弾くこと、というのもまた事実ではなかろうか。無論それが困難、或いは非現実的と思うときもあるが、まずは一〇〇回ぐらいさらってみて、どうしても出来ない時に「ゴメン！」と謝って最小限切る。そして切ったことが別の意味を生じないように気をつける。そうやっているときには「切れた」とは聞こえないものだが、好き勝手の切り放題という演奏が世の中には多過ぎるように思う。大きな音になったから、或いは身体が楽だからよい音楽が表現できるとは限らず、むしろ失われることの方が大きい。大きくて意味のない音、そんなものは弾く前から世の中に溢れているではないか。

実際、アンナーは驚くほど長いスラーが平気で出来る人であった。メシアンの《世の終わりのための四重奏曲》でとことん学んだ、と言っていたが、今でもCDで聴けるその演奏は素晴らしい。殆ど知られていないのが残念である。

そんなアンナーとの、オランダでの最初の出会いは一九八四年の一〇月のことである。当時の文化庁在外研修制度は日本の会計的区切りに従っており、「一〇月初めに出発して下さい」「あの、学校は九月から始まるのですが」「一〇月に出発して下さい」「でも学校は……」「一〇月に」という感じで、何の融通もきかなかった。今は幸いなことにもう改善されている。

したがって、私がオランダに着いた時はもう学期が始まっていたわけだが、アンナーは毎日・毎週いる先生ではない。連絡がついて漸く会えたのはもう月末に近かった。

そういえば、着いたその日、先にオランダに勉強に来ていて既に演奏活動もしていたヴァイオリニストの若松夏美に電話したところ、

「今晩ラ・プティット・バンド（LPB）のコンサートがあるよ、ユトレヒトで」

「え、今晩!?　クタクタだよ」

「でも今年オランダでやるのはこれで最後だって」……というので眠い目をこすりながらユトレヒトまで聴きに行った。

ホンモノのバロック・アンサンブルを見る、聴くのは殆ど初めてに近かった。それより前、アルノンクールと「ヴィーン・コンツェントゥス・ムジクス」が来て新宿で演奏したのを聴いたが、響きの少ない大きなホールのせいもあってか、皆一生懸命大きな音を出そうとしているという感じで心地よくなかった。またホグウッドと「アカデミー・オブ・エンシェント・ミュージック」も来たが、モーツァルトの29番などをサラサラと軽く、それこそレコードのように弾いていったので、これもあまり心に残らなかった。LPBはレコードでは知っていたし、その頃深く傾倒し、その後長い付き合いになるクイケン兄弟の録音もいろいろ聴いていたから、眠くてもこれは聴かないわけにいかなかったのである。

第一印象、驚きは何だっただろう。まず、調弦の時にチェロが最初に合わせることだった。バロック音楽では通奏低音が鍵盤と一緒に弾くので、ここが合っていないと全てがうまくいかない。だから調弦もチェロ、バス、それからヴァイオリンたちという順番になるのだが、ご存知のように一般的オーケストラならコンサートマスターがオーボエから取って、あとは皆さんどうぞ、となる。

次に新鮮でよく覚えているのは、ヴァイオリン奏者たちの首（のみ）が自由に動き回ることだ。

顎当てを使わないバロックの奏法では、ヴァイオリンは基本的に肩に乗っているだけなので、曲の始めなどコンサートマスターを見るときでも楽器はそのままの位置で首だけがヒョイと右を向く。或いはまた曲の表情につれて首がよく動くが楽器は連動していない。それが最初のうちは奇妙で可笑しくてたまらず、「この人たち、首がまだ据わっていない」と思ったりした。今ではそちらに慣れているので、顎当て、肩当てでヴァイオリンが固定されているのを見ると、かえってギプスをしているようでお気の毒と思うこともある。

さて、学校でやっとアンナーに出会えた時、彼は嬉しそうに、しかし“*At last, you are here!*”と言った。すぐに「ですから文化庁が……」と言い訳したかったがそんなに早口に喋れたわけでもなく、とにかくはここに来られた、アンナーに会えたという感慨の方が大きかった。すぐにレッスンが始まるから見ていていいよと言うので、オランダ人のある学生のレッスンを見学することになった。とても立派な体格の男で態度も立派、“*Hello!*”と来たので握手を交わしたら万力のような力で締め付けられ、悲鳴を上げそうになった。これは彼だけではなく、オランダ人によくある悪いクセである。力が強いほど友情が強いとでも思っているのか、多くの人がバカ力と言いたいほどに握りしめる。ある一時期、手に合わない弓を使って右小指の関節を痛めていたことがあり、その時は本当に握手恐怖症になっていた。

強力な握手と立派な態度、やおら弾き始めたのはドヴォルジャークのコンチェルトで、さぞ立派だろうと思ったのだが……ん？　おかしい、どうもそんなに上手くないぞ。あんな態度だからきっとアシスタントか何かなのだろうと思っていたのに……と疑問が少々首をもたげてきていたら、アンナーが突然「ヒデミ、お前はここどういう指遣いで弾く？」と聞くのである。「え？……僕はこうですけど」というと、その学生に向かって「ほら見ろ、二対一だ。この指遣いの方がいい」と言っている。私は「そんな、自分の方法が彼に合うかどうか知りませんけど！」と言いたかったのだがアンナーは平気で、それから後も何度も聞かれることになった。そしてすぐに「二対一だ」と言って笑うのである。今思えば、いろいろ言うのが面倒だったのではないかとも思うが、もちろん先生と意見が合うのは楽しいし、彼は自分が偉いからそうしろと言うのではなく、こっちの方が合理的・音楽的だというのを「二対一！」といって楽しく教えていたのであった。私はその頃既に学校を卒業してから四年半が過ぎ、その間に約三〇〇回のコンサートを経験していたので、学生が取り上げる曲は大抵演奏会で弾いたことがあった。お陰で、突然の質問に困ることはあまりなく、「二対一」に参加できたのは嬉しいことだった。

その後ようやくもらった自分のレッスンは、彼のアムステルダムの自宅であった。初めて行った彼の家は驚くことに元女子寮だったという話で、番地が二つある地上五階半地下一階、部屋が二二、階段の各踊り場にトイレがあり……個人宅というものではなかった。その年はちょうど彼がその家を購入した年でもあり、内部は常に改装中、行く度に部屋の仕切りやドアの位置が変わっていた。その頃メイドに雇われていた女性が「もう二カ月半になるけど、ちっとも部屋の位置が覚えられない」とこぼしていた。

レッスンは夕方か夜だったと思うが、とにかく何か弾いてみようと言って彼は、ポッパーの二重奏の楽譜を持って来た。私はその頃、ポッパーといえばエチュードと小品を僅か数曲知っていただけで、これは甚だ緊張の初見であった。途中で電話がかかってきたので、これ幸いとその間に必死で先を読み、何とか弾くことが出来た。頭の中は火花が散りそうに忙しかったが、同時にもう嬉しくて嬉しくて、胸が一杯になった。日本にいる間、私は自分以外にガット弦を弾くチェロ奏者と合奏したことなどなかったのだ。また、難しいエチュードや技巧的小品でのみ知られるポッパーを美しい音楽作品として真剣に弾く人も知らなかった。圧倒的に暖かくて豊かな音、それはもちろんアンナーの第一の魅力だが、それに包まれるようにして一緒に弾く、これを至福、BLISSと言わずして何と言おうか。

終わった後彼は喜んで、「いいね、もうちょっとポッパーやろうか」と言う。それで日本にいる間曲の存在も知らず演奏も聴いたことがない素敵な小品を幾つか勉強することになった。暫く経ってから一度「ワタシ、バロックの勉強に来たのですが……」と言うと、彼は笑って“*Baroque? That's my hobby!*”と言う。そんなこと言われては、それこそ『バロック時代のチェロについての研究』という課題で文化庁からお金をもらっているのに……などと困惑したが、彼は“*Cello is cello!*”と全然頓着しない。しかし暫くすると今度は唐突に、「じゃあ今度はバッハやろう。スコルダトゥーラ(通常と異なる調弦にすること)がいいから5番」「じゃあついでにガブリエッリもやろう」というふうにスコルダトゥーラ攻めに遭った。

その後彼とのレッスンでは、バッハをはじめバロックのソナタ等も弾いたが、同時にブラームス、ドヴォルジャーク、ドビュッシー等、またエチュードも前述のポッパー、デュポールやピアッティなどを勉強した。エチュード？　もう一回あれやるの？　と最初は懐疑的、というよりイヤイヤだったのだが、実は、これが本当に私のためになった。

"Hidemi, Piatti is Italian! Why do you play so serious!?" と言われて驚いた。エチュードにイタリアンとかフレンチとか関係あるのか……デュポールはフランス人だ、規則好きで几帳面ぶっている、とも言った。恥ずかしながら、音楽学校を出ていても私の頭は小さい子供と同じ、バイエルやブルクミュラーを本の名前だと思っているのと大差なかった。そして、それらをガット弦で弾くときにはもっとこうしなければ、と弓や指の使い方について言ってくれたのだった。

ガット弦については他にも書いたと思うが、この素晴らしい道具は良い行いには良い音で応え、悪い行いにははっきり露骨に悪い音で応えるので、自分が何をしているのかが良く解る。スチール弦も本当は同じ筈だが、少々的が外れていてもそんなに悪い音にならない。いわばストライク・ゾーンが広いのだが、逆に言うと本当に良いところを弾いていてもそれほど「当たった！」という感触がない。私にはそれが残念というか、食い足りなく感じるのである。

日本で学生の頃に学んだエチュードや曲をもう一度、しかしガット弦で、そしてフレンチ、イタリアン、ジャーマンと考えながら弾く。それは新しくワクワクする「再発見」だった。そもそもエチュードを書いた人は皆私達の大先輩であり、練習曲の数々は、彼らがどう弾いていたか、何を大切に思っていたか、何に拘《こだわ》っていたかということを録音の代わりに教えてくれる嬉しい手がかりなのである。そして彼らの多くは、一般的に知られた大作曲家と何らかの繋がりがあるから、彼らのことを学ぶのは、別な角度から作曲家を見ることにもなって大いに意味がある。子供の頃から学ぶドッツァウアはヴェーバーと、フランコームやメルクはショパンと、デュポールやロンベルクはベートーヴェンと、ピアッティはヨアヒムを通じてブラームスと繋がりがあった。ドッツァウアは嫌いだったという人もいるが、ドイツ初期ロマン派の、ヴェーバーの曲を弾くつもりになってみれば面白くならないか。ポッパーはヴァーグナーの信奉者でありヴァグネリアンな作風なので、エチュードにしても和声が複雑で解りにくいが、一九一三年まで生きた彼はもう本当にすぐそこ、カザルスの一世代前という感じで現代に近い人だった。

一九世紀後期のウィーンに有名な音楽評論家・理論家のハンスリックという超辛口の人がいたが、彼はポッパー一五歳頃のデビューに際して「彼がウィーンの楽壇に登場するのは全く時期尚早であることが明らかであった」と一刀両断、また「ウィーンで音楽が豊かにあるといっても、チェロ界をみれば、ダヴィドフやコスマンといった外国人に頼るしかない」と断じている。当時の新聞はなかなか厳しいことを載せていたようだ。ポッパーについては、彼がヴィブラートを多用することについて「我々はこのような演奏を許してよいものかどうか」という議論がなされていた。ヴィブラートについては、ブラームスの親友であったヴァイオリニストのヨアヒムも、自著の教則本で「真面目に警告しておくが、使いすぎてはならない。そうしなければ吐き気を催す」と述べている。

そのようにチェリストと作曲家の関係を見たり、テクニックの歴史的変化に目を向けたりしながら音楽を見ていくと、チェロというものの流れが一つであり、バロック・チェロ、モダン・チェロ云々のように線を引くことが愚かしいということが、頭の理解だけではなく身体で感じられるようになってくる。渡欧する前の日本で古楽はまだまだ市民権を得ておらず、「バロック」vs普通の楽器、普通の音楽という闘いのような感があったから、この流れを理解するにしたがって自分がどんどん解放されるような感じがしたものだ。まさしくアンナーの言うとおり、*"Cello is Cllo!"*なのである。

嬉しいポッパーのレッスンの後 voorspeelavond があるから行こうという。それはクラス内の勉強会のようなもので、夕べにやるからアーフォント avond（ドイツ語ならアーベント abend）、昼間なら middag（同じく mittag）という。その時の会場は、アンナーのアシスタントをしていた Lidewij Scheifes（リドヴェイ・スヘイフェス）という人のお宅だった。そこで私は初めて、アンナーに正しいアシスタントがいることを知った。彼女も18世紀オーケストラのメンバーであり、一緒に弾きながらちらちらと話を聞いたり弾くのを見たりしていて、結局一度もレッスンは受けなかったが、このエネルギッシュ、学生思いで面倒見の良いオバサンからはいろいろと学ぶことが出来た。

というわけで、最初の勉強会に弾いたのはポッパーの小品二曲だった。みんなが弾き終わってお茶やワインを飲みながら話していたとき、アンナーとリドヴェイが近くに来て、「ヒデミ、実は来週から三週間ほど私達はアメリカに行くんだ。代わりに他の人達のレッスンしてくれる？」という。「え？ そんな……」「大丈夫大丈夫、みんな優しいからね」と丸め込まれてしまい、次の週には学校でレッスンすることになってしまった。その時同じクラスにいたのはオランダ人が二人、アメリカ人とオーストラリア人、現在もチェリストとして活動している人達である。

考えてみれば、これがまた私にとってはまことに良いレッスンであった。教えること自体は日本でもしていたのだから問題はないが、それを全部英語で説明しなければならない。レッスンでは、生徒は先生が喋るのを待っているものだから、こちらが何かを喋らなければならない。弾いてみせればそれでいいのだが、話す方はまだまだ語彙不足でもあり、頭の中でいろいろな考えが出口を探して動き回っていた。幸い彼らは本当に親切で、私のことをバカにせず、助け船を出してくれながらレッスンの時間を過ごした。終わった後は誰かの家で食事をし、英語の発音などを教えてもらったので、こちらの方がずっと得をしたようなものだ。アンナーらが帰ってきてからも彼らとは親しい付き合いが続き、今も繋がりがあるのは嬉しいことである。

二〇世紀後半から今の二一世紀にかけて生きている私達の多くは、J・S・バッハの生誕・没後を記念する「バッハ・イヤー」を二回経験している（そういえば、海老沢敏先生は三回ですと仰っていた。四回はちょっと誰でも難しかろう）。一九八五年のバッハ・イヤーに、アンナーは一五〇回を超えるコンサートをしたと言っていた。彼の場合オーケストラはないので、全てはソロまたは室内楽である。それにヨーロッパは夏の休暇がしっかりあるから、これはとんでもないハイペースである。一日二回が何度もあったでしょうと言うと、にっこりと「二回とは限らないよ」と言っていた。え!?

そう言えば、あれは一九八四年の一二月も押し迫った頃、たしか二七日だったと思う。一度他の場所にも書いたことがあるが、アンナーが弾くチャイコフスキーの《ロココの主題による変奏曲》をロッテルダムで聴く幸運を得た。バッハやバロック音楽で有名なビルスマだが、実はロココがとても上手いのだというウワサは聞いたことがあった。しかしそこに居合わせることは難しい。聴けたのは後にも先にもその一回のみであったが、実は本番の三日前まで、彼はバッハのツアーでアメリカに行っていたのである。

当日の朝彼から電話があり、“*Hidemi, Do you have a spare A string?!*”ときた。「ほら、三週間もアメリカに“*wrong instrument*”で行っていただろう？　こっちの楽器の弦、まだ大丈夫だけどスペアがないんだよ」と言う。え？　だって本番は今晩ですよね⁇　とこちらが焦った。新品を持っていっても間に合わないので、自分の楽器に張っていた弦（幸いそんなに古くなかった）を外し、急いでロッテルダムへ持っていった。楽屋を尋ねると、汗いっぱいで鼻の頭が真っ黒のアンナーがひょいと顔を出し、ひどい早口で“*Oh, you came! Thank you, thank you!! So, see you tonight. Bye!*”と言ってまたすぐ引っ込んでしまった。そりゃあそうだ。バロックの楽器で三週間もいて、帰宅三日でロココを弾くなど、想像も出来ない。鼻の頭が黒いのは、彼が左指でしょっちゅう鼻を触るからだ。可笑しなクセにしか見えないのだが実は理由があって、ガットは高いポジションに行くとき指の滑りが悪いと難しいので、その直前に文字通り「鼻の脂をちょいと付けて」弾くとうまく行くのである。私にもそのクセは移ってしまって、井上先生に笑われたことがある。

その晩のコンサートで、幸い持っていった弦の出番はなかったが、演奏は筆舌に尽くしがたく圧倒的だった。ピノキオと呼びたくなるような、ぎくしゃくと硬くてちっともソリストに合わせられない指揮者だったのだが、私はその日ロココを初めて聴いたような気がした。そして、誰もが「ガットは音が小さい」と噂う中、彼の音はびっくりするほど大きく、豊かで暖かかった。普通みんなが柔らかく静かに弾くハ長調の第三ヴァリエーションを、彼は弓とコマの間に弦が見えないほどに張りつめて、「気高く」といいたいほどの気品を持って弾いたのである。二〇〇〇人近く入るホールの後ろから数列目辺りにいた私は、椅子に押しつけられているかのように身動きできなかった。今でも耳の底に残っている、これもまた忘れられない記憶の一つである。

どんなに忙しくても笑いを忘れず、いつもジョークを言って人を和ませる人だったが、そんな彼の性格が本領を発揮するのがボッケリーニの音楽であった。誕生日が（一九一年と）二日違いだからかどうか、彼はボッケリーニに格別な愛情と親しみを持っている。レッスンでボッケリーニのソナタやコンチェルトを弾いた時にも、またクインテットなどをコンサートで一緒に弾いた時にも、いつも感じるのはその特別な親しみであった。それは同時に、聴衆への親しいお誘い、呼びかけのようなものともなる。

一般的「世の中」は、ボッケリーニという名前を殆ど唯一のメロディによって知っている。それは言わずとしれたあのメヌエットである。アンナー曰く、あのメロディを丸っきり間違ったテンポで歌う人は世界中どこにいってもおらず、殆ど同じテンポだそうだ。おそらく日本でもそうである。ヴァイオリンのソロで、弦楽合奏で、はたまた様々な楽器で演奏されるあのメヌエット、しかしその原曲がチェロ二本を含むクインテットだと知っている人は案外少ない。

これまたいろいろ他の場所にも書いたことではあるが、ボッケリーニの音楽の一般的評価は不当に低い。私は都内のある室内楽のシリーズでボッケリーニを取り上げようとした時「そんな無名なものを」と言われて本当に驚いたことがあるのだが、実際《メヌエット》と、そしてチェロの場合にはグリュツマッヒャーという一九世紀後半のチェリストによって散々無残改竄《かいざん》……されてしまった変ロ長調コンチェルト、それ以外にどんなメロディや作品を即座に思い出せるだろう

【譜例】ボッケリーニ《弦楽５重奏》G275〈メヌエット〉

か。必ずしも容易くはない。しかし、本来弦楽器弾きにとって、稀代のチェリストである彼が「弦楽器マインド」で作った曲の数々は、他では味わえない幸せをもたらしてくれるのである。

音楽の話をしていて「古典派」というとき、その殆どは「ウィーン古典派」を意味している。ボッケリーニは一七四三年生まれ、ハイドンの一一歳年下だから紛れもなく古典派の時代に生きた人ではある。しかしイタリアから出てパリを経由し、後半生をスペインの田舎で過ごしたボッケリーニは、ウィーン古典派と殆ど無関係といっても良いぐらいである。そして、ハイドンにとってエスターハーズィのオーケストラを使った交響曲が作品群の中核を為すのに対し、ボッケリーニの場合には彼自身が中に入って弾くことを想定したチェロ二本の弦楽五重奏（一一三曲も書いた）という形態が最も得意とした表現方法なのであった。

彼がボッケリーニについて言ったことはあまりにも多く、その殆どが笑いと何らかのジョークなどを含んでいるので、思い出せたとしても文字にするのは簡単ではないが……「ボッケリーニを弾くときにはね、テーマを探しちゃいけないよ。モーツァルトとかハイドンとかは、小さなテーマがあってそれが展開して……と進むだろう？　ボッケリーニはそうじゃない、そこにいるシチュエーションそのものが音楽なんだ」

「ボッケリーニの音楽はね、大きな時計屋に入ったようなものだ。チックタックチックタック、チクタクチクタク、ボーンボーン……とたくさんいろんな音がしているだろう？　でも何も動かず、そして静かだ」

実際、あの有名なメヌエットは「時計屋」そのものだ。【譜例参照】

ミュートを付けた第1ヴァイオリンが弾く例の旋律は、正時になると時計の奥から出てきてくるくる回ったり踊ったりする人形のよう、第1チェロとヴィオラはチクタクチクタクと8分音符、第2チェロはボーンボーンと4分音符をどちらもピッツィカートで、そして第2ヴァイオリンはというと、オクターヴでミの音をリラリラリラ……と弾いているだけだ。世界中が知っているあのメロディは、どこへも行かず、盛り上がったりドラマチックになったりもせず、ただずっとそこにいて、そして美しい。弾いている方も「いや、弾いているのは自分じゃありません」とでもいうように、知らん顔でいるのがあの曲には一番相応しい。

音楽言語の「定石」として私達は、同じことが二回きたら三回目にはきっと何か変わるものだ、セリフや声色、強さや意味合いなど、何かの変化がそこで起きるものだ、と学校で学び、また実際多くの曲でそれを経験している。しかし、ボッケリーニのクァルテットやクインテットを弾いていると、小さなリズム・パターンのようなものが四回、八回、時には一六回も平気の平左で続くことがある。それを平然と楽しんでいるガマンがないと、これは段々盛り上がるようにしようとか、強弱を付けようとか、いろいろ工夫を考えるのだが、それは言わば無駄な努力、彼の音楽はそういうふうにできておらず、まさにアンナーが言うとおり、シチュエーションそのものなのだ。

これは私の考えだが、スペインやポルトガル（と一緒くたにすると叱られるかもしれないが）の建物にはしばしば、外壁にタイルを貼り付けられたものがある。建築には全く詳しくないが、ちょっと独特の文化・趣味であろうと思う。時にはタイル全体に大きな絵が描かれていることもあるが、大抵は所謂タイル模様、一つ一つに装飾的な模様が描かれ、それがずっと広がっているだけである。タイルは一枚でも美しいしたくさん集まっても美しい。しかし何枚かが集まって次のどこかに「作用」するものではなく、立体的にもならず、タイルのサイズが倍、三倍になったりもしない。しかしそれが集まった拡がりには独特の雰囲気が醸し出されるものだ。本当は平面だけれど、建物の一部ということもあって、ただのツマラヌ平面というわけでもない。ボッケリーニの延々と続くリズム・パターンは、そういうものなのではないか。何かしなければ、と能動的・積極的になった時にはその壁が崩れてしまうのだ。それをそのままで楽しむには、健康で positive な精神が必要なのである。

あれは一九八六年か八七年のことだったと思うが、アンナーと共にボッケリーニの室内楽のみのコンサートをしたことがあった。場所は上野学園石橋メモリアルホール。私のほか長年一緒に弾いている仲間たちが集まり、クインテット、クァルテット、トリオ、デュオ（チェロ・ソナタ）、休憩後はデュオ、クァルテット（トリオだったか？）、フルート・クインテット、フルート・ゼクステットと、砂時計形のように曲が並べられた。どんなリハーサルだったか細かいことは殆ど覚えていないが、とにかくアンナーはボッケリーニの素敵さを少しでも人に言いたくて、手を変え品を変え、弾いたり、身振りをしたり、そしてずっと話していた。「ほらね、sotto voce, soave, dolcissimo, lentarello, mancando……ボッケリーニは微妙な言葉をたくさん使うだろう？ 赤！ とか白！ とかいうんじゃなくて、印象派みたいに変わっていく色合いがあるんだ、ほらこんな感じに……」というふうである。

そう、実際ボッケリーニの楽譜を、いやカタログだけでも良いから見ていると、速度記号・表情記号だけでも実に数多い。もちろん、何も書かない人に色合いがないという意味ではない。チェロ弾きにとってボッケリーニと同じく極上の愉しみであるヴィヴァルディのソナタなどは、殆どラルゴとアレグロしか書かれていないが、各楽章が一枚の絵画のようであり、同じものなど一つもない。とはいうものの、ボッケリーニの書き込んだデリケートな言葉の数々は、私達のイマジネーションの拡がりを大いに助けてくれるものである。

そしてまたアンナーも、演奏だけではなく実にいろいろと人のために動き、働くのだ。いそいそと椅子を並べたり「お茶をいれようか？」と聞いたり、人に尽くすのを楽しんでいるかのようであった。リハーサルの途中、八曲もあるとコンサートが長すぎるのではないかと現実的な意見が出てきたのだが、彼はボッケリーニを弾く時間が減るのはとても惜しいようで、「もう少し速く弾いたらもう一曲入れられるかな？」と言っていたぐらいだから、結局全てを演奏した。今も上野学園に行くと、あのときアンナーがいそいそと並べていたグリーンの椅子がステージ袖に何脚かあって、まことに懐かしい。

人に尽くすといえば、こんなことがあった。オランダでの勉強が始まって一年ほども経っただろうか、私は街の教会で弾く機会をいただき、その後のレッスンで報告をしていた。多分どの曲がうまく行ったとか、どこが難しかったとかいう話をしていたのだろう。アンナーにはそれが退屈だったのかどうか、ひょいと“*Did you make people happy?*”と尋ねられた。不意を突かれ、「は？*happy?*」……それまであまり考えたことがなかった。というよりむしろ、自分の演奏で人を幸せにできると考えるなど烏滸《おこ》がましい、というぐらいではなかったか。“*I don't know...*”すると続けて“*Even for one second?*”という。まあヨーロッパの聴衆は聞いていると表情もにこやかになるし、うまくいったと思うところも少しはあったから、“*one second, maybe...yes.*”と答えると、“*Then, it was a good concert!*”と笑って言われてオシマイ！であった。

その後少し真面目に「一八世紀と現代の音楽の大きな違い（の一つ）は、今の音楽家が偉すぎることだ」という。「ステージに出て、調弦するんだから客は静かにしろとか、途中で拍手したら怒るとか……偉そうすぎる。一八世紀の音楽家は基本的に、召使いと同じ身分だったのだよ。そして聴くのはみんな貴族だ。貴族っていうのはね、お金もお城も食べ物も、何でも持っていたから退屈している人達だ。だから音楽を聴くときにガーガー調弦なんてしていて『何あの音？汚いわね～！』とか言われたら、もうそれで君はクビが飛ぶ。だからね、時間が長い調弦はオーセンティックじゃない。そして、召使いが『お茶は如何ですか？』とか言うのと同じように、『こんな音楽は如何です？』と楽しんでもらうように弾くんだよ」

先生というものは時に、学ぶ側にとって大きな壁となる。あるレッスンで、アンナーがあまりにも素晴らしくて圧倒され、遥か遠くにいるような気がして呆然としてしまったことがあった。その時彼はそれを察したのか、自分が先生をそのように感じた経験を話してくれた。彼が年がら年中ジョークを言ったり可笑しな比喩を使ったり、努めて平易な表現で音楽のことを説明しようとするのは、そのような壁に自分がなりたくないという気持ちからである。もちろん、ヨーロッパ人は、そして音楽家は多かれ少なかれジョークを言うのが好きなものだが、彼のレッスンは半分以上ジョークだったような気さえする。また例えば録音の途中、本番の直前といった絶妙なタイミングを彼は逃さない。回りが吹き出しても自分一人は素知らぬ顔、まあそれはジョークの鉄則のようなものだが。

レッスンが少し長くなったり夕方にさしかかって来たりすると、彼はしばしば「キッチンへ行こう」と言う。そしてカルヴァドス（林檎のブランデー）のボトルを持って来て“*True cellists drink this.*”と笑っていた。彼のアシスタントだったリドヴェイおばさんも、そして私ももちろん、カルヴァドスは大好きである。数年前に訪ねたときも、最初はワインなど飲みながら話していたが、「本当の飲み物にしようか」という感じで途中からはカルヴァドス、まことに嬉しい記憶の飲み物である。

アンナーと共にいた時間は全て記憶に残っているような気がするが、演奏の経験はやはり格別なものである。前述のボッケリーニの室内楽はもちろんだが、その前にも後にもいろいろと貴重かつ滑稽な経験があった。

ひょっとするとあれはボッケリーニの室内楽と同時期だったのかもしれないが、桐朋学園で彼がレクチャー・コンサートをしたことがあり、私はボッケリーニのソナタ一曲のバスを急遽《きゅうきょ》弾くことになった。彼のソナタの演奏はまことに自由奔放、速くなったり遅くなったりではあるが、猛烈に楽しい。演奏の後に質問の時間があり、「そんなに勝手気儘《きまま》なテンポで弾いて伴奏する人が大変だとは思わないのですか」と問うた人がいた。ステージの上でアンナーは「おぅ、なんて意地悪な質問……」と小声で言ったが、聴衆には「理想的には、音楽は、言うべき事、やるべき事をみんな実行した時に偶然イン・テンポになっていればよいのであり、逆ではない」と話してくれた。彼の演奏はチェリストにとってはあまりにも自然で解りやすい動きだったので、私は彼がそんなにとんでもなく動かしているという感覚もなく、どうしてそんな質問をするのだろうとさえ思っていたが、お陰でとても意味深く記憶に残る彼の言葉を聞くことができたのであった。

たしかに、ケーキを作る前に箱を決めるのは面白いはずがない。

しかし、彼には困らされることもしばしばあった。一つは、曲の繰り返しをするかどうかを決めてくれないのである。「前半は？」とか聞くと、にっこり笑って「そんなことはステージに出ればはっきりするものだよ！」という感じで取り合ってくれない。まあたしかに弾いてみると判るのだが（進む人と戻る人がいてぐちゃぐちゃに、ということは一度も起きなかった）、時には後半だけ繰り返しなどということもあり、とにかく全身で聴き心を読み、第六感を二〇〇パーセント働かせ、自分の持っている音楽的理解とか知識とかいったものをフルに活用しなければならない。結果は本当に新鮮この上ないが、まことにスリリングなものでもあった。


初めてアンナーに出会った時彼は五〇歳、今私はそれをはるかに上回ってしまっている。あの驚異的なエネルギー、年一五〇回のコンサートをこなしてなおレッスンも行い、ソナタの録音ときたら夜中の〇時半から新しい曲に取りかかるというとんでもないスタミナは、まさに「壮年」と言うに相応しい五十代のものだったのだ。総じてヨーロッパ人音楽家はタフで、そもそも「疲れた」とあまり言わないが、そんなヨーロッパ人でもアンナーは常人ではないと感じていたようだ。

この頃は、長年の同僚数人を別にすれば共演者は大抵自分より若いというオソロシイ状況になりつつある。私には彼の何分の一かのスタミナしかないだろう。せめて、彼が私に与えてくれたような「栄養」の一〇分の一でもあげることができているだろうか。せめて、アンナーというとんでもないジンブツがチェロ演奏史にいたことを多くの人に知ってもらいたいと願うばかりである。

チェロと指揮、室内楽とソロ、録音や執筆、そしてもちろん教える仕事と風呂敷を広げてしまっている私にとって、「二人のB」との記憶は全てが貴重であり、今も、これからも消えることはない。

あとがき

実は、本書が出る二〇一七年の初めで、チェロを弾いて五〇年、ガット弦を弾いて四〇年になる。食べることと寝ること以外でこれだけ長く続けられていることは他にないのではないか。まだ終わったわけではないので、個人的「記録」はもっと伸びそうだ。

そんな年に、今までの仕事をまとめたものが出せたのは嬉しい。お解りの読者もおられると思うが、第Ⅰ部はネットに連載していたのをまとめたものである。内容は今までに書いたり喋ったりしたことと重複しているかもしれないし、第Ⅱ部以降では記憶違いの可能性もあるが、その辺りは大目に見ていただければ幸いである。

鍵盤楽器には「通奏低音」の理論やメソードがしっかりあり、規則に則って右手を即興して弾くのは今や常識になっているが、基本的に単音であるチェロ他バス楽器では、和声を理解して弾くとか、チェンバロやオルガンとグループになって弾くといった仕事やその方法は未だに殆ど知られていない。業界では通奏低音奏者のことを「絶滅危惧種」と呼んで自虐的に笑っている。

もちろんそれは、音楽学校の教育に含まれていないからである。旋律楽器がコンチェルトやソナタを学んでオーケストラに就職するのは言わば自然なことだが、オーケストラのチェロ・パートは、もちろん旋律的要素も大いにあるとはいうものの、やはりまずは低音として全体を支えるものなのである。それにも拘わらず、学校ではコンチェルト等の旋律志向でしか教えない。これを体系的に改革しない限り、「絶滅危惧種」は早晩消滅するだろう。

お読みになればお解りのように、通奏低音は時に面倒な仕事である。しかしそれは、込み入った過程を経て出来上がる様々な工芸の世界にも似て、大量生産とは違う味わいの音楽造りに必要な理解と技術なのである。

経済性や効率が重視され、人文系の学問は不要などという不毛で近視眼的な意見がまかり通りつつある昨今、不要呼ばわりされる音楽のまたその中で通奏低音について云々するのは最も時代に逆行しているかもしれない。しかし、音楽の微細な違いを認めて尊重するには、通奏低音の理解は重要である。種の生存に本書が役立つかどうかは甚だ疑問であるが。

最後に本書の刊行に尽力し編集に携わって下さったアルテスパブリッシングの木村元氏に心から御礼を申し上げ、家でいつも支えてくれている妻に感謝を述べたい。

二〇一七年五月　大宮の自宅にて

鈴木秀美

［episode 1］～［episode 11］および［episode14］は、「アルテス電子版」ウェブサイトに二〇一四年一二月～一五年一一月まで連載された「通奏低音弾きの言葉では…」をもとに加筆したものである。それ以外は本書のための書き下ろしである。

鈴木秀美 すずき・ひでみ

神戸生まれ。デン・ハーグ王立音楽院に留学。ヨーロッパ各地で演奏・指導する他、1994年に新設されたブリュッセル王立音楽院バロック・チェロ科に教授として招聘され、2000年に帰国するまで務めた。ソリストとして、また18世紀オーケストラ、ラ・プティット・バンドのメンバー及び首席奏者として演奏し、バッハ・コレギウム・ジャパンでは2014年まで首席奏者。2001年に古典派を専門とするオーケストラ・リベラ・クラシカを創設し、ハイドンを中心とするコンサートを続ける他、室内楽シリーズ『ガット・サロン』を定期的に行い、自身のレーベル《アルテ・デラルコ》で録音を続けている。指揮者として日本各地の交響楽団に客演し好評を博す他ポーランド、オーストラリア、ベトナムなどに招かれる。山形交響楽団首席客演指揮者。東京音楽大学チェロ科客員教授、東京藝術大学古楽科講師、雑司谷拝鈍亭終身楽長。楽遊会弦楽四重奏団メンバー。CD録音はソロ・室内楽・指揮全般にわたって多数。著書に『「古楽器」よ、さらば!』(音楽之友社)、『ガット・カフェ』『無伴奏チェロ組曲』(東京書籍)。第37回サントリー音楽賞、2011年度齋藤秀雄メモリアル基金賞受賞。

通奏低音弾《つうそうていおんひ》きの言葉《ことば》では、

二〇一七年五月三一日　第一刷発行

著者――鈴木秀美《すずきひでみ》　©Hidemi SUZUKI 2017
発行者――鈴木茂・木村元
発行所――株式会社アルテスパブリッシング
東京都世田谷区代沢五-一六-二三-三〇三　〒一五五-〇〇三二
電話：〇三-六八〇五-二八八六
ファクス：〇三-三四一一-七九二七
info@artespublishing.com
印刷・製本――太陽印刷工業株式会社
ブックデザイン――金子裕
編集協力――編集室T/ut

Printed in Japan
ISBN978-4-86559-162-0　C0173
http://artespublishing.com